图说武当秘技系列

武当天罡追魂肘

刘罡 著

人民体育出版社

图书在版编目（CIP）数据

武当天罡追魂肘 / 刘罡著. -- 北京：人民体育出版社，2023
（图说武当秘技系列）
ISBN 978-7-5009-6308-0

Ⅰ.①武… Ⅱ.①刘… Ⅲ.①武术－基本知识－中国 Ⅳ.①G852

中国国家版本馆CIP数据核字(2023)第085687号

*

人民体育出版社出版发行
三河兴达印务有限公司印刷
新　华　书　店　经　销

*

880×1230　32开本　7.75印张　200千字
2023年12月第1版　　2023年12月第1次印刷
印数：1—3,000册

*

ISBN 978-7-5009-6308-0
定价：36.00元

社址：北京市东城区体育馆路8号（天坛公园东门）
电话：67151482（发行部）　　邮编：100061
传真：67151483　　　　　　　邮购：67118491
网址：www.psphpress.com
（购买本社图书，如遇有缺损页可与邮购部联系）

丛书绘图组

高　翔　　丁亚丽
高　绅　　李梦瑶

总 序

2017年，中共中央办公厅、国务院办公厅印发了《关于实施中华优秀传统文化传承发展工程的意见》（以下简称《意见》），并发出通知，要求各地区各部门结合实际认真贯彻落实，体现了党和政府对中华优秀传统文化的重视。

在国民教育方面，《意见》提出，加强中华优秀传统文化相关学科建设，重视保护和发展具有重要文化价值和传承意义的"绝学"、冷门学科。在保护传承文化遗产方面，《意见》提出，推动民族传统体育项目的整理研究和保护传承。

中华武术有着数千年的发展历史，是中华民族在社会实践中创造的宝贵财富，是中华文化的重要组成部分。武当武术作为"内家之宗"，在武术爱好者中具有较高的认知度。正是基于此，我们策划了这套"图说武当秘技系列"丛书。

本套丛书种类齐全，既有养生法，又有技击术，还有大力功，精心选取与展现了丰富多彩的武当诸派秘技；注重练法，注重实效，突出"图说"，简明扼要，便于阅读和学习。丛书编写者都是武当武术相关的专家、学者、教授，他们既有自身体验，又有教学经验，既有很高的技术水平，又有很深的学术造诣。当然，不足之处在所难免，欢迎读者批评指正，以利今后进一步充实与完善。

内容提要

（1）肘骨坚硬，肘头尖锐，肘节灵活，杀伤强劲，巧妙多变，肘法在技击中非常重要。有所谓"远用手打近用肘，宁挨手打不挨肘"，"肘打刚劲凶神藏，怀中献肘把敌伤"。

（2）武当天罡肘，内家秘技，劲发丹田，内力充沛；招法细腻，灵活多变；擅长近战，沾衣冷动。名为天罡，主要指其招法数量，天罡肘当有三十六招，切合道家天罡之数；同时，又是一种比喻，说明此肘高超玄妙，刚猛犀利，难挡难防，防不胜防。

（3）天罡连环肘，是一个套路，共三十六势。此法肘肘相连，肘里藏肘，肘里套肘，变化多端；挨傍挤靠，短抖崩震，内家风采，引人入胜。练习之时，要浑元用力，注重内劲；把握节奏，有慢有快；衔接自然，连环不断。

（4）天罡追魂肘，乃以"六肘为母"演变而成。子母相生，混合连环，顺势迭出，幻化多端，令敌胆寒。其技击歌诀曰："六六三十六，武当天罡肘。横竖封门棍，翻飞如铁杵。近身一二三，有来不能走。"

目　录

第一章　武当天罡入门肘（单练）／ 2

第一节　六大母肘 / 4

一、前肘 / 4

二、上肘 / 6

三、下肘 / 7

四、里肘 / 8

五、后肘 / 9

六、外肘 / 10

第二节　三十六肘 / 11

一、玄武演道（叠肘）/ 11

二、神针定海（钉肘）/ 12

三、禹公绞剪（剪肘）/ 13

四、犀牛分水（崩肘）/ 13

五、青牛摆角（盘肘）/ 14

六、虎踞龙盘（磕肘）/ 14

七、坤道问路（顶肘）/ 15

八、倒提金钟（提肘）/ 15

九、仙子挑帘（挑肘）/ 16
十、遮风挡雨（架肘）/ 16
十一、二郎担山（担肘）/ 17
十二、雷公霹雳（劈肘）/ 17
十三、金风卷柳（扫肘）/ 18
十四、青蛇摇首（晃肘）/ 18
十五、擎天一柱（立肘）/ 19
十六、大鹰振翅（张肘）/ 20
十七、倚栏望月（靠肘）/ 20
十八、老道关门（夹肘）/ 21

十九、拨云望月（撑肘）/ 21
二十、犀牛闯阵（捆肘）/ 22
二十一、白虎洗脸（圈肘）/ 22
二十二、童子献书（抬肘）/ 23
二十三、织女投梭（格肘）/ 23
二十四、玄武弄风（摇肘）/ 24
二十五、直捣黄龙（捣肘）/ 24
二十六、玄武望月（插肘）/ 25
二十七、采和挎篮（挎肘）/ 25
二十八、灵官挥鞭（甩肘）/ 26

二十九、怀中抱月（抱肘）/ 26

三十、玄武过江（砸肘）/ 27

三十一、白虎挡道（切肘）/ 27

三十二、野牛撞钟（撞肘）/ 28

三十三、泰山压顶（压肘）/ 28

三十四、朱雀归巢（别肘）/ 29

三十五、玄龟藏形（卷肘）/ 30

三十六、老道捋须（沉肘）/ 31

第二章　武当天罡连环肘（套路）/ 32

一、玄武演道（叠肘）/ 34

二、神针定海（钉肘）/ 38

三、禹公绞剪（剪肘）/ 40

四、犀牛分水（崩肘）/ 43

五、青牛盘角（盘肘）/ 44

六、虎踞龙盘（磕肘）/ 45

七、坤道问路（顶肘）/ 47

八、倒提金钟（提肘）/ 49

九、仙子挑帘（挑肘）/ 52

十、遮风挡雨（架肘）/ 54

十一、二郎担山（担肘）/ 56

十二、雷公霹雳（劈肘）/ 60

十三、金风卷柳（扫肘）/ 63

十四、青蛇摇首（晃肘）/ 65

十五、擎天一柱（立肘）/ 66

十六、大鹰振翅（张肘）/ 68

十七、倚栏望月（靠肘）/ 70

十八、老道关门（夹肘）/ 74

十九、拨云望月（撑肘）/ 76

二十、犀牛闯阵（捆肘）/ 79

二十一、白虎洗脸（圈肘）/ 80

二十二、童子献书（抬肘）/ 82

二十三、织女投梭（格肘）/ 84

二十四、玄武弄风（摇肘）/ 86

二十五、直捣黄龙（捣肘）/ 88

二十六、玄武望月（插肘）/ 89

二十七、采和挎篮（挎肘）/ 91

二十八、灵官挥鞭（甩肘）/ 93

二十九、怀中抱月（抱肘）/ 94

三十、玄武过江（砸肘）/ 96

三十一、白虎挡道（切肘）/ 98

三十二、野牛撞钟（撞肘）/ 99

三十三、泰山压顶（压肘）/ 100

三十四、朱雀归巢（别肘）/ 102

三十五、玄龟藏形（卷肘）/ 103

三十六、老道捋须（沉肘）/ 105

目　录

第三章　武当天罡追魂肘（技击）/ 110

第一节　玄武演道（叠肘）/ 112

一、抓扭跌 / 112

二、击肘节 / 114

第二节　神针定海（钉肘）/ 115

一、击后背 / 116

二、击膝节 / 117

第三节　禹公绞剪（剪肘）/ 118

一、剪绞臂 / 118

二、剪腿跌 / 119

第四节　犀牛分水（崩肘）/ 120

一、闪击肋 / 120

二、崩击肋 / 121

第五节　青牛摆角（盘肘）/ 122

一、击腮部 / 122

二、击心窝 / 123

三、击脖颈 / 124

四、击软肋 / 125

五、击脑后 / 126

六、击小腹 / 127

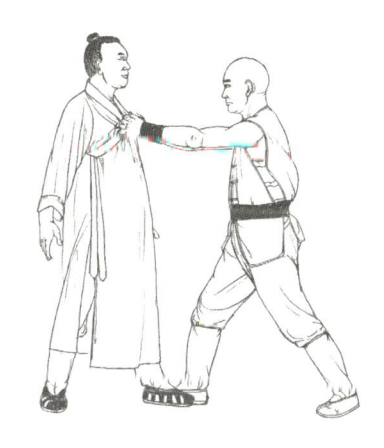

第六节　虎踞龙盘（磕肘）/ 128

　　一、击肘节 / 128

　　二、击膝节 / 129

第七节　坤道问路（顶肘）/ 130

　　一、击胸侧 / 130

　　二、击软肋 / 131

　　三、击裆部 / 132

　　四、击下颌 / 133

第八节　倒提金钟（提肘）/ 134

　　一、击下颌 / 134

　　二、击软肋 / 136

第九节　仙子挑帘（挑肘）/ 137

　　一、击下颌 / 137

　　二、击心窝 / 138

　　三、击腋下 / 139

　　四、击脊椎 / 140

第十节　遮风挡雨（架肘）/ 142

　　一、封咽喉 / 142

　　二、架腋跌 / 143

目 录

第十一节　二郎担山（担肘）/ 144

　　一、击软肋 / 145

　　二、击心窝 / 146

　　三、击腋部 / 147

第十二节　雷公霹雳（劈肘）/ 148

　　一、击脑后 / 149

　　二、击上臂 / 150

　　三、击大腿 / 151

第十三节　金风卷柳（扫肘）/ 152

　　一、击头侧 / 152

　　二、击脑后 / 153

第十四节　青蛇摇首（晃肘）/ 154

　　一、连击肥 / 154

　　二、击腰腹 / 156

第十五节　擎天一柱（立肘）/ 157

　　一、击下颌 / 157

　　二、击心窝 / 158

第十六节　大鹰振翅（张肘）/ 159

一、击腋下 / 159

二、击软肋 / 160

第十七节　倚栏望月（靠肘）/ 162

一、击软肋 / 162

二、击腰部 / 164

第十八节　老道关门（夹肘）/ 165

一、击耳门 / 165

二、夹臂擒 / 166

第十九节　拨云望月（撑肘）/ 168

一、击软肋 / 168

二、击下颌 / 170

第二十节　犀牛闯阵（捆肘）/ 171

一、击前胸 / 171

二、击小腹 / 173

第二十一节　白虎洗脸（圈肘）/ 174

　　一、击头部 / 174

　　二、击头脸 / 175

第二十二节　童子献书（抬肘）/ 176

　　一、击下颌 / 176

　　二、击软肋 / 177

　　三、击肝区 / 178

第二十三节　织女投梭（格肘）/ 179

　　一、击胸侧 / 179

　　二、击心窝 / 180

第二十四节　玄武弄风（摇肘）/ 181

　　一、击腮部 / 181

　　二、击咽喉 / 183

　　三、击脑后 / 184

　　四、击小腹 / 185

第二十五节　直捣黄龙（捣肘）/ 186

　　一、击心窝 / 186

　　二、击裆部 / 187

　　三、击腰肾 / 188

第二十六节　玄武望月（插肘）/ 190

　　一、解脱法 / 190

　　二、击软肋 / 191

　　三、击小腹 / 192

第二十七节　采和挎篮（挎肘）/ 194

　　一、挎肘擒 / 194

　　二、挎肘跌 / 196

　　三、挎腿跌 / 197

第二十八节　灵官挥鞭（甩肘）/ 199

　　一、击头部 / 199

　　二、击裆部 / 201

目　录

第二十九节　怀中抱月（抱肘）/ 202

　　一、顺抱颈 / 202

　　二、抱臂擒 / 204

第三十节　玄武过江（砸肘）/ 205

　　一、砸脑后 / 205

　　二、砸咽喉 / 206

第三十一节　白虎挡道（切肘）/ 207

　　一、击上臂 / 208

　　二、击裆部 / 209

第三十二节　野牛撞钟（撞肘）/ 210

　　一、击心窝 / 211

　　二、击后腰 / 212

第三十三节　泰山压顶（压肘）/ 214

　　一、击耳部 / 214
　　二、压上臂 / 215

第三十四节　朱雀归巢（别肘）/ 216

　　一、擒跌法 / 216
　　二、擒扑法 / 218

第三十五节　玄龟藏形（卷肘）/ 219

　　一、击脑脊 / 219
　　二、击小腿 / 221

第三十六节　老道捋须（沉肘）/ 222

　　一、击后背 / 222
　　二、击肘节 / 223

第一章

武当天罡入门肘（单练）

肘骨坚硬，肘头尖锐，肘节灵活，杀伤强劲，巧妙多变，肘法在技击中非常重要。有所谓"远用手打近用肘，宁挨手打不挨肘"，"肘打刚劲凶神藏，怀中献肘把敌伤"。

武当天罡肘，内家秘技，劲发丹田，内力充沛；招法细腻，灵活多变；擅长近战，沾衣冷动；以静制动，后发先至；不动则已，一动连环。

名为天罡，主要指其招法数量，天罡肘当有36招，切合道家天罡之数；同时，又是一种比喻，说明此肘高超玄妙，刚猛犀利，难挡难防，防不胜防。传统武术多有"七星手""天罡手""地煞手""降魔手""伏虎手"等技，皆是惯用旧称，约定俗成，非关迷信，读者明辨。

第一节 六大母肘

六大母肘，也叫"六大本肘""六大宗肘"。即前肘、上肘、下肘、里肘、后肘、外肘，其区分主要来自发力方向。

"六肘"是肘法基本练习大形，是对整体肘法的大致归纳，读者不宜拘泥，要多加体悟，举一反三。

一、前肘

前肘，主攻胸部，向前发劲，击距最远，力大势猛，常配合进步、弓步，乘机强击，可一招制敌。

1. 右前肘

【练法】

右脚向前上步成右弓步，左腿蹬劲，送腰发力；右肘尖向前顶击，右拳心向下；左掌抵住右拳。（图1-1）

图1-1

2. 左前肘

【练法】

左脚向前上步成左弓步;左肘尖向前顶击;右掌抵住左拳助劲。(图1-2)

图1-2

二、上肘

上肘，主攻颌部，向上发劲，近身突袭，隐蔽性强，方法较多，敌不易防范。

1. 右上肘

【练法】

进步成右弓步；转腰挺胸，右肘上挑，右手握拳置于头侧，拳眼向下；左掌护于右腋下。（图1-3）

图1-3

2. 左上肘

【练法】

两脚前滑，右弓步不变；左肘从腰际上挑，左拳置于头侧；右手下落。（图1-4）

图1-4

三、下肘

下肘主攻背部，向下发劲，顺应重力，桩步下沉，短促紧凑。

1. 右下肘

【练法】

先将右肘抬起，随即向下落砸，前臂竖立（垂肘竖臂）；两腿跪步，整身下沉。（图1-5）

图1-5

2. 左下肘

【练法】

左脚上步成左跪步，右腿沉膝；同时，左肘向前划提，下落砸击，前臂竖立。（图1-6）

图1-6

四、里肘

里肘主攻耳部，横向发劲，借助腰力，力量最大，非常凶猛，很难抵挡。

1. 右里肘

【练法】

左脚向左前方斜跨半步成左弓步；身体迅疾左转，带动右肘弧形向前里横击。（图1-7）

图1-7

2. 左里肘

【练法】

身体迅疾右转，带动左肘弧形向前里横击。（图1-8）

图1-8

五、后肘

后肘主攻腹部，向后发力，短势寸劲，适于近战，收发自如。

1. 右后肘

【练法】

左势虚步；腰身急速右转，右肘向右后击。（图1-9）

图1-9

2. 左后肘

【练法】

步形不变；腰身左转，左肘向左后击。（图1-10）

图1-10

六、外肘

外肘主攻脸部，向外发劲，非常灵活，步高身活，易于变化。常反桩使用，突然转身，出其不意。

1. 右外肘

【练法】

身体右转，右高虚步；右肘向外上弧形横摆。（图1-11）

图1-11

2. 左外肘

【练法】

步形不变，身体左转；左肘向外上弧形横摆。（图1-12）

图1-12

第二节 三十六肘

每一"母肘",都可以化生很多肘法,例如"前肘",可以化生为前顶、前捣、前挤、前拦等,其中"前顶",又可化生为进步前顶、原地前顶、退步前顶等。虽练法相似,而变化无穷,一肘化六,六六三十六,即成天罡肘。

在这一节里,专门介绍天罡三十六肘的各势单练方法。单练是技击的基础,一定要勤加练习,练至炉火纯青了,实战自然得心应手。

一、玄武演道(叠肘)

两肘合劲叠力,两前臂横向平行,是为叠肘。

【练法】

1. 正身站立;左臂屈肘,横于肩前。(图1-13)

图1-13

2. 随之，右前臂横置左前臂上侧，两前臂相叠，两肘向前用力。（图1-14）

图1-14

二、神针定海（钉肘）

垂直向下发肘，有钉桩入地之意，是为钉肘。

【练法】
两腿屈蹲；右肘向下钉至右腰前侧。（图1-15）

图1-15

三、禹公绞剪（剪肘）

两肘交错，发力剪绞，拦截擒拿，是为剪肘。

【练法】

两脚开步；两前臂在胸前相交，两肘平举，向前绞剪。（图1-16）

图1-16

四、犀牛分水（崩肘）

两肘分崩，抖劲发力，是为崩肘。

【练法】

两腿屈蹲成马步；左肘向左，右肘向右，一起平直崩开，两肘夹紧。（图1-17）

图1-17

五、青牛摆角（盘肘）

右肘从右向左，或左肘从左向右，弧形向前横击，皆为盘肘。

【练法】

左势弓步；向左转体，右臂屈肘，向前、向左横盘于身前，高与肩平。（图1-18）

图1-18

六、虎踞龙盘（磕肘）

竖臂垂肘，旋向一侧抖劲，即磕肘。

【练法】

两腿屈蹲成右丁步；右肘下垂，前臂向左磕于胸前。（图1-19）

图1-19

七、坤道问路（顶肘）

屈肘平胸，向前推出，是为顶肘。

【练法】
右脚横跨成马步；右肘上抬端平，向右平直顶出，右肘夹紧。（图1-20）

图1-20

八、倒提金钟（提肘）

屈肘沉身，由下向上提劲，肘尖向上，是为提肘。

【练法】
两腿屈蹲成左丁步；右臂屈肘向右、向上提起，高过头顶，上身左倾，向右拧腰。（图1-21）

图1-21

九、仙子挑帘（挑肘）

由下向前弧形上击，是为挑肘。

【练法】

左势弓步；右臂屈肘夹紧，肘尖发力，向前、向上挑于身前，约与眼平。（图1-22）

图1-22

十、遮风挡雨（架肘）

屈臂向前上架，拦挡防护，是为架肘。

【练法】

右势弓步；右臂屈肘，上架头额前上，肘尖向前用劲。（图1-23）

图1-23

十一、二郎担山（担肘）

屈臂侧伸，肘尖向前上发，是为担肘，势如担物。

【练法】
两腿屈蹲成马步；左臂屈肘，使肘尖向左担起，约与肩平。（图1-24）

图1-24

十二、雷公霹雳（劈肘）

由上向前、向下弧形发力，是为劈肘，有所谓"劈肘如斧"之说。

【练法】
左势弓步；左臂屈肘上提，随即向前、向左下劈至左膝内侧，上身前俯。（图1-25）

图1-25

十三、金风卷柳（扫肘）

两臂屈肘，一肘由前向后，另一肘由后向前平圆划劲，即前后扫肘。

【练法】

右高虚步；两臂屈肘，右肘向右后、左肘向左前同时划弧横扫，高约同肩。（图1-26）

图1-26

十四、青蛇摇首（晃肘）

图1-27

两手互握，两肘前后摇晃，威逼敌方，乘机杀伤，是为晃肘。

【练法】

1. 右势弓步；左掌抓握右腕，右肘向上、向前、向下晃至胸前，上身略倾。（图1-27）

2. 重心后移，上身右转；左肘向上、向前、向下晃至肩前，右手旋指抓握左腕。（图1-28）

图1-28

十五、擎天一柱（立肘）

一臂屈肘，另一手抓其腕或推其拳面助劲，使其肘部竖起向上，是为立肘。

【练法】

左腿直立，右脚尖撑地，上身右倾；右手抓握左腕向前上推送左肘，使其立顶而出。（图1-29）

图1-29

19

十六、大鹰振翅（张肘）

两臂屈肘，展臂上张，如鹰振翅，是为张肘。

【练法】

两腿屈蹲成马步；两肘同时分向两侧，向上张起，肘尖过肩。（图1-30）

图1-30

十七、倚栏望月（靠肘）

图1-31

两臂屈肘夹肋，肘尖后靠发力，是为靠肘。

【练法】

左高虚步，重心后移，上身左倾；两肘同时后靠发力撞挤，约与肋平。（图1-31）

十八、老道关门（夹肘）

两臂屈肘竖起，由外向里夹合用劲，是为夹肘。

【练法】

两腿屈蹲成马步；两前臂从两侧一起向胸前夹抱，两肘下垂。（图1-32）

图1-32

十九、拨云望月（撑肘）

两手向上屈臂抬起，两肘向前外撑用力，是为撑肘。

【练法】

左势弓步；两拳屈臂上举至头前上方，两肘向两侧撑开。（图1-33）

图1-33

二十、犀牛闯阵（捆肘）

两肘夹紧，两肘尖向前顶出，是为捆肘。

【练法】

右势弓步；两肘夹紧，两肘尖向前平直顶出，高约同肩。（图1-34）

图1-34

二十一、白虎洗脸（圈肘）

屈臂绕环，肘走弧劲，是为圈肘。

【练法】

左高虚步；左臂屈肘平肩，向外或向里用力绕环，划半圈或划整圈。（图1-35）

图1-35

二十二、童子献书（抬肘）

向上抬起，劲向前顶，是为抬肘。

【练法】

左势虚步；左臂屈肘夹紧，肘尖向上抬起，平肩前顶。（图1-36）

图1-36

二十三、织女投梭（格肘）

图1-37

垂肘竖臂，向外旋格，前臂发力，是为格肘。

【练法】

左势弓步；左前臂立起，左肘向左格出，高约同肩。（图1-37）

二十四、玄武弄风（摇肘）

屈臂送肘，肩节为轴，内外绕环，把劲摇开，是为摇肘。

【练法】

身向右转；左拳屈肘收至胸侧，使肘尖向前，以肩关节为轴向下、向上、向右绕环半周。（图1-38）

图1-38

二十五、直捣黄龙（捣肘）

屈臂沉肘，向前捣出，劲走直线，短中有长，是为捣肘。

【练法】

左势弓步；上身前探，左肘向前平直捣出，短促用力，高约同肩。（图1-39）

图1-39

二十六、玄武望月（插肘）

转身屈肘，向后崩劲，见缝插针，是为插肘。

【练法】

上身右转，右臂屈肘，肘尖后插，高约同腰。（图1-40）

图1-40

二十七、采和挎篮（挎肘）

肘弯用力，伸拳增劲，向上提挎，是为挎肘。

【练法】

两腿屈蹲成马步；右拳屈肘，猛力上挎，约与头平，拳心向后。（图1-41）

图1-41

二十八、灵官挥鞭（甩肘）

上步抢位，手向后收，肘向前甩，猝然冷动，是为甩肘。

【练法】
左脚上步成左弓步；左拳收至胸前，左肘突然向左甩出，肘尖向左，约与眼平。（图1-42）

图1-42

二十九、怀中抱月（抱肘）

图1-43

屈臂顶肘，肘尖向前，两手相抱，助力增劲，是为抱肘。

【练法】
身体下沉，上身左转，右腿屈跪；右肘顺势向前顶击，左掌在胸前抓按右腕，两臂上撑。（图1-43）

三十、玄武过江（砸肘）

由上下砸，贴身近战，势合力整，周身一体，是为砸肘。

【练法】

左腿提膝，左肘外摆；上身左拧，右臂屈肘，顺势下砸。（图1-44）

图1-44

三十一、白虎挡道（切肘）

前臂发力，向前下切，势稳力实，是为切肘。

【练法】

两腿屈蹲成马步；左臂屈肘向左下切，约与肋平，右掌按住左拳助劲。（图1-45）

图1-45

三十二、野牛撞钟（撞肘）

屈肘冲击，向前推撞，跟上整劲，是为撞肘。

【练法】

左势弓步；左臂屈肘撞至身前，肘部端平，高约同肩。（图1-46）

图1-46

三十三、泰山压顶（压肘）

图1-47

屈肘压砸，由上向下，力量整重，是为压肘。

【练法】

左势弓步；右臂屈肘向前下压，上身前探，整体用力。（图1-47）

三十四、朱雀归巢（别肘）

练法别致，肘使别劲，靠挤压扭，是为别肘。

【练法】

右势弓步；上身前压，左肘旋屈，向右别劲，肘尖向前，高在胸肩。（图1-48）

图1-48

三十五、玄龟藏形（卷肘）

两臂收卷，屈肘齐压，拦截封闭，是为卷肘。

【练法】

两腿屈蹲成半马步；两拳下砸，前臂卷压，腋部夹紧，上身前倾，高在胸腹。（图1-49）

图1-49

三十六、老道捋须（沉肘）

屈肘竖臂，陡然下沉，沾身发力，短势寸劲，是为沉肘。

【练法】

重心下降，两腿迅速屈蹲，低马稳劲；右拳上提，右臂屈肘，猛然下落，短促沉重。（图1-50）

图1-50

第二章

武当天罡连环肘（套路）

天罡连环肘是一个套路，共三十六势。各势组合，一起演练，有利于习练者掌握技法，灵活腰步，熟悉收放，增强力量，提高应变能力，为防身实用打下坚实之基。

本套肘法，肘肘相连，肘里藏肘，肘里套肘，变化多端；挨傍挤靠，短抖崩震，内家风采，引人入胜。

练习之时，要浑元用力，注重内劲；把握节奏，有慢有快；衔接自然，连环不断。

一、玄武演道（叠肘）

1. 起势

【练法】

（1）两脚并步，正身站立，两掌垂于体侧，全身舒松，呼吸自然。目视前方。（图2-1）

图2-1

第二章　武当天罡连环肘（套路）

（2）左脚横开一步，两脚间距约与肩同宽；同时，两掌自体侧向外、向上划弧举臂于头顶侧上方，指尖向上，掌心相对，两肘稍屈。（图2-2）

图2-2

图2-3

（3）两腿略屈；同时，两掌按至下腹，指尖相对，掌心向下。目视前下。（图2-3）

35

2. 玄武演道

【练法】

（1）承上。两膝伸立；右掌翻转，掌心向上，置于小腹前；同时，左掌向左、向上、向右划弧，屈肘停于下颌前，掌心向下，指尖向右，两掌如抱球状。目视左掌。（图2-4）

图2-4

图2-5

（2）右掌向左、向上划弧翻转至左肩，掌心向下，指尖向左，右肘提平；左掌向前、向右划弧翻转，置于右胸前，掌心向上，指尖向右。目视右手。（图2-5）

（3）右掌向前下划弧翻转，置于左胸侧，掌心向上，虎口在外；左掌向里上划弧，置于右肩前，掌心向上，虎口在里。（图2-6）

图2-6

图2-7

（4）左脚外移半步，两腿屈膝；同时，左掌向前下划弧翻转，置于右肋前，掌心向上，虎口在外；右掌向里上划弧，置于左胸前，掌心向下，虎口在里。（图2-7）

二、神针定海（钉肘）

【练法】

（1）承上。重心移于左腿，膝部略屈，右腿屈膝提起，成左独立步；同时，右肘向右上提，约与耳平，右掌停于咽喉前侧，掌心向下，指尖斜向左下；左掌不动。目视右掌。（图2-8）

图2-8

图2-9

（2）右脚下跺震地，两腿屈膝半蹲成马步；同时，右掌握拳裹臂垂肘（钉肘）竖于右肩前方，拳面向上，约与肩平，拳心向里；左掌翻转护于右臂内侧，虎口向里。目视右肘。（图2-9）

第二章　武当天罡连环肘（套路）

（3）重心移于右腿，膝部略屈，左腿屈膝提起，成右独立步；同时，右拳变掌下伸于左肋前，掌心向上；左肘向左上提，约与额平，左掌停于下颌前侧，掌心向下，指尖斜向右下。目视右下。（图2-10）

图2-10

图2-11

（4）左脚下跺震地，两腿屈膝半蹲成马步；同时，左掌握拳裹臂垂肘（钉肘）竖于左肩前方，拳面向上，约与肩平，拳心向里；右掌翻转，护于左臂内侧，虎口向里。目视左臂。（图2-11）

39

三、禹公绞剪（剪肘）

【练法】

（1）承上。右脚向前上步，脚跟点地，脚尖上翘，两腿半蹲，成右虚步；同时，左肘向左外抬平肩，左拳伸指成掌置于左肩前，掌心向下，指尖向前；右掌向右前下按于右胯前，掌心向下，指尖向左。目视右脚尖。（图2-12）

图2-12

（2）右脚内收至左脚跟内侧再划弧向右外侧落步，两脚间距宽于两肩，两腿伸直，大开步站立；同时，两掌向左、右两侧直臂分按，约与胯平，两掌心均向下，指尖向前斜下。目视前方。（图2-13）

图2-13

（3）两掌向胸前屈肘交叉，两肘上提约与肩平，左掌在前，位于右肘前，掌心向右；右掌在后，位于左肘后，掌心向左，两指尖斜向上。目视前方。（图2-14）

图2-14

（4）左转体约90°，左脚收向右脚内侧继而向左前上一步，前脚掌虚点地面，重心下沉，两腿屈膝成左虚步；同时，两掌左右分开下划，斜伸于体侧，指尖向前，掌心向下，约与胯平。目视前方。（图2-15）

图2-15

（5）左虚步不变；两掌向前上方划弧，上臂约与肩平，左掌在上，右掌在下，两掌心均向上，指尖向前，两肘相对用劲（剪手）。目视左掌。（图2-16）

图2-16

（6）左脚前移成左弓步；同时，两掌绞剪，屈肘横臂叠于胸前，右上左下，掌心向里。目视前方。（图2-17）

图2-17

四、犀牛分水（崩肘）

【练法】

（1）承上。右脚垫步，右转体约90°，两腿屈膝半蹲成马步；同时，两掌握拳，左肘向左，右肘向右，一起半直崩开，两肘夹紧，两拳心向下。目视左肘。（图2-18）

图2-18

（2）两脚蹬地腾起，左转约半周，落地后仍成马步；同时，两肘随转身前后崩劲，肘臂平肩，两拳置于两肩前，拳心向下。目视右肘。（图2-19）

图2-19

五、青牛盘角（盘肘）

【练法】

（1）承上。上身右转，两脚摆扣，成右半马步；同时，右拳变掌向前翻甩而出，肘部略屈，约与腰平，掌心向上，指尖向前；左拳变掌下按于右腹前。目视右掌。（图2-20）

图2-20

（2）右脚前滑，上体右转，成右弓步；同时，左臂屈肘向前盘击，约与肩平；右掌上提，护于左胸前，掌心向下。目视左肘。（图2-21）

图2-21

（3）两脚摆扣，上体左转约半周，成左弓步；同时，右肘随转身向左盘击，约与肩平；左拳变掌，护按右拳，置于胸前。目视右肘。（图2-22）

图2-22

六、虎踞龙盘（磕肘）

【练法】

（1）承上。左脚尖外展，右脚向前上步，以脚尖点地，两腿屈膝半蹲成右丁步；同时，右肘向左磕于胸前，右拳垂肘竖臂，拳心向后，拳面向上，约与眉平；左掌护在右臂内侧。目视右下。（图2-23）

图2-23

（2）右脚向右一步，脚尖向前，两腿屈膝半蹲，成右半马步；同时，右拳变掌，向前反背推出，掌背向右，虎口向上，约与肩平，臂成半弧状；左掌护于右臂内侧，指尖向上。目视右前。（图2-24）

图2-24

（3）重心移于右腿，左脚收于右脚尖内侧，脚尖点地，成左丁步；同时，身体略左旋，右掌上划至右额外侧，转腕反掌，虎口向下，指尖向左，臂成半弧；左掌划弧下按于左大腿前外侧，虎口向里。目视左斜前方。（图2-25）

图2-25

七、坤道问路（顶肘）

【练法】

（1）承上。左脚跟落地，右转身约半周，右脚向右横开一步，两腿屈膝半蹲成马步；同时，右肘向右平肩顶出，右掌变拳下落于胸前，拳心向下；左掌抵住右拳面，向右推送助力。目视右肘。（图2-26）

图2-26

（2）右脚前移，成右弓步；同时，右肘继续向前顶劲。（图2-27）

图2-27

（3）重心左移，左腿屈蹲，右腿蹬伸，成右高仆步；同时，右拳变掌，弧形下按于右膝上方，掌心向下；左掌护于右肩前，掌心向右。目视右下。（图2-28）

图2-28

（4）右脚收步，左脚继而向前上一步，两腿屈膝半蹲，成左半马步；同时，左掌向前穿拦，虎口在后，指尖向上，约与肩平，肘部稍屈；右掌按于裆前。目视左掌。（图2-29）

图2-29

第二章 武当天罡连环肘（套路）

（5）两脚滑步进身，仍成马步；同时，左肘向前方顶出，约与肩平，左掌变拳置于左胸侧；右掌抵住左拳面，向左推劲。目视左肘。（图2-30）

图2-30

八、倒提金钟（提肘）

【练法】

（1）承上。伸腿立身，右脚左收半步，以脚尖虚点地面，重心移至左腿，上体左倾；同时，左拳向左斜上方反背击出，拳面向上，高过头顶；右掌护于左腋前，掌心向左。目视左拳。（图2-31）

图2-31

49

（2）右脚收于左脚内侧，仍以脚尖点地，两腿屈蹲成右丁步；同时，向左拧腰，左肘向右、向下、向左、向上划弧提顶，约与额平；右掌轻触左拳。目视左肘。（图2-32）

图2-32

（3）左转体约180°，右脚尖随转身擦地划半弧至左外侧，脚尖内扣，两腿屈膝半蹲，成半马半扣步；同时，右肘随转体向左上划弧提摆，右掌变拳置于右胸侧，拳眼向上；左拳变掌置于颌前，指尖向上。目视右肘。（图2-33、图2-33附图）

图2-33 　　　　图2-33附图

（4）右脚后退一步，伸腿直立，身体向右转约90°，左脚内收，脚尖虚点地面，上体右倾；同时，右拳向右侧斜上方反背击出，拳面向上，高过头顶；左掌护于右腋前，掌心向右。目视右拳。（图2-34）

图2-34

（5）左脚收于右脚内侧，仍以脚尖点地，两腿屈蹲成左丁步；同时，向右拧腰，上身前俯，右肘向后、向下、向左、向上划弧提顶，高过头部；左掌轻触右拳。目视右肘。（图2-35）

图2-35

51

（6）左脚跟落地，屈膝下蹲，右脚向右贴地伸出，膝部伸直，成右高仆步；同时，右拳变掌划弧下插于右膝上方，掌心向外，指尖向下；左掌提于左肩前，掌心向下。目视右掌。（图2-36）

图2-36

九、仙子挑帘（挑肘）

【练法】

（1）承上。重心移于右腿，左脚内收至右脚内侧之际，迅疾向左前跨出，两腿屈蹲成左半马步；同时，左掌向右、向前、向左划托，掌心向上，指尖向前，约与口平，肘略屈垂；右掌伸臂勾手，勾尖向上，约与胯平。目视左掌。（图2-37）

图2-37

（2）前滑步进身成左弓步；同时，右勾手前甩变拳，提至右耳侧，拳眼向下，右肘向前上挑起，肘尖约与鼻平；左掌翻转下按，置于腹前，掌心向下，虎口向内。目视左前。（图2-38）

图2-38

（3）右脚前跨一步成右弓步；同时，左肘向前上方挑出，肘尖约与鼻平，左掌变拳置于左耳侧，拳眼向下；右拳变掌，翻转下按，置于腹前，掌心向下，虎口向内。目视左前。（图2-39）

图2-39

（4）左转体约90°，左脚外展，右脚内扣，两腿屈蹲，成右半虚步；同时，左拳变掌向前弧形下按，收至右臂内侧，掌心向下，指尖向前；右掌向前转腕划插，五指张开，掌心向下，指尖向前，约与肋平。目视右掌。（图2-40）

图2-40

十、遮风挡雨（架肘）

【练法】

（1）承上。上身左转约90°，左脚尖外展成左虚步；同时，右掌内转插于右胯外侧，指尖斜向下；左掌向左划弧上挑，指尖斜向前上，约与额平。目视左掌。（图2-41）

图2-41

（2）左脚前移成左弓步；同时，左掌内旋屈肘上架于额前上侧，掌心向前，虎口向下；右掌前提，护于左肋前侧，掌心向下，指尖向前。目视前方。（图2-42）

图2-42

（3）右脚前进一步成右弓步；同时，右掌内旋屈肘上架于额前上侧，掌心向前，虎口向下；左掌下落，护于右肋前侧，掌心向下，指尖向右。目视前方。（图2-43）

图2-43

（4）重心移于左腿，右脚内收，成右高虚步；同时，右掌收抱于右腰际，掌心向上，指尖向前；左掌向前切出，掌刃向前，掌心向下，高与胸平。目视左掌。（图2-44）

图2-44

十一、二郎担山（担肘）

【练法】

（1）承上。重心前移，成高马步；同时，右掌五指张开，向前卡推，略高于肩；左掌五指内旋，置于右臂内侧，虎口向下。目视右掌。（图2-45、图2-45附图）

图2-45

图2-45附图

第二章　武当天罡连环肘（套路）

（2）重心下沉，成右半马步；同时，两掌扣指成爪，用劲旋拧，使爪心向上。目视右爪。（图2-46、图2-46附图）

图2-46　　　　　　　　图2-46附图

（3）两脚前滑，两腿仍成马步；同时，左爪握拳，屈肘下收，抱于左腰，拳心向上；右肘向右担起，稍高于肩，右爪握拳，提至右腮，拳眼向下。目视右方。（图2-47）

图2-47

（4）右脚尖内扣，左脚尖外展，左转体成左半马步；同时，左拳变掌，向左反甩，五指略屈，稍高于肩；右拳变掌下落，置于左肩前，虎口向下。目视左掌。（图2-48、图2-48附图）

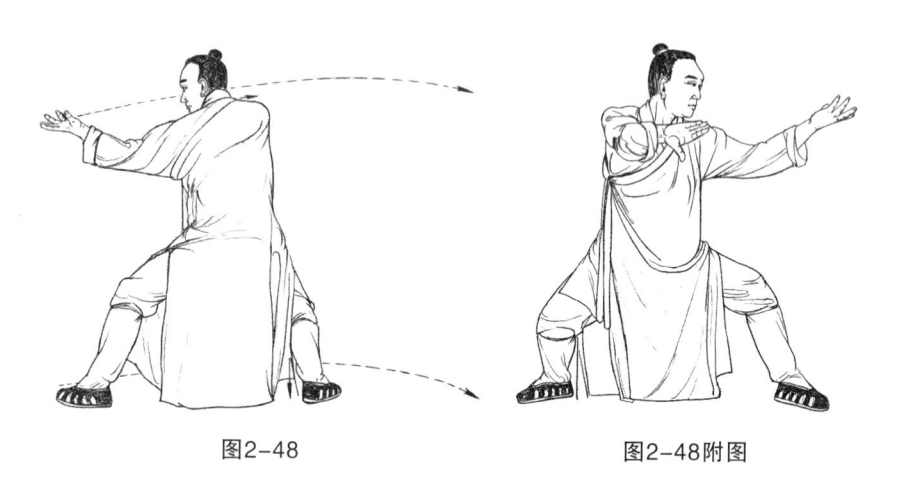

图2-48　　　　　　　　图2-48附图

（5）右脚跺地，右转体约半周，左脚前上一步，两腿屈蹲成左半马步；同时，右掌向左稍沉；左手随之向前卡推，虎口向前。目视左掌。（图2-49）

图2-49

（6）重心下沉，成左半马步；同时，两掌扣指成爪，用劲旋拧，使爪心向上。目视左爪。（图2-50）

图2-50

（7）两脚前滑，两腿仍成马步；同时，右爪握拳，收抱右腰，拳心向上；左肘向左担起，稍高于肩，左爪握拳，提至左腮，拳眼向下。目视左方。（图2-51）

图2-51

十二、雷公霹雳（劈肘）

【练法】

（1）承上。重心移到右腿，屈膝下蹲，左腿前移，膝部伸直，成左高仆步；同时，左拳变掌，弧形下插，穿至左膝上侧，掌心向上，指尖向左；右拳变掌上收于右肩前，虎口向下，掌心向前，右肘尖斜向后上，约与头平。目视左掌。（图2-52）

图2-52

（2）左脚尖外展，上身左转，右脚向前上步成右弓步；同时，右肘向上、向前、向右下劈至右膝内侧，右掌变拳，拳眼向上；左掌抱贴右拳。目视右肘。（图2-53、图2-53附图）

图2-53

图2-53附图

（3）重心移于左腿，屈膝下蹲，右膝伸直，成右高仆步；同时，右拳变掌，弧形下插，穿至右膝前侧，指尖向下，掌心向外；左掌提至右肩前，掌心向下，指尖向右。目视右掌。（图2-54）

图2-54

（4）上身右转，左脚向前上步成左弓步；同时，左肘向上、向前、向左下劈至左膝内侧，左掌变拳，拳眼向上；右掌抱贴左拳。目视左肘。（图2-55）

图2-55

十三、金风卷柳（扫肘）

【练法】

（1）承上。右脚前移半步，右膝下跪，脚跟抬起，身向左转，左脚外展成扭步；同时，左肘后扫，稍高于肩；右手顺势握住左腕，置于胸前。目视左肘。（图2-56、图2-56附图）

图2-56

图2-56附图

（2）右脚跟落地，右膝外撑，左腿蹬伸，成右弓步；同时，向右转体，右肘向右扫击，约与肩平，右手握拳置于右胸前，拳心向下；左肘向前扫击，约与肩平，左拳置于左胸前，拳心向下。目视左肘。（图2-57）

图2-57

（3）向左转身约半周，右脚里扣，重心移至右腿，左腿屈膝提起，成右独立步；同时，两肘旋扫一圈，右肘向前，略高于肩；左肘向后，高与肩平。目视前方。（图2-58）

图2-58

十四、青蛇摇首（晃肘）

【练法】

（1）承上。左脚向前落步成左弓步；同时，上身右转，左肘向上、向前、向下晃击，约与肩平，上身前探；右拳变掌，抓握左腕，前推助劲。目视左前。（图2-59、图2-59附图）

图2-59

图2-59附图

（2）重心后移右腿，左脚回收半步，上身左转，成左虚步；同时，右肘向上、向前、向下晃击，约与肩平；左手抓握右腕，左肘顺势向左后收。目视前下。（图2-60）

图2-60

十五、擎天一柱（立肘）

【练法】

（1）承上。左脚跟外摆，重心移至左腿，上身右转，右脚跟里转提起，右腿伸膝；同时，左肘向前上发劲立起，高过头顶；右掌抓握左腕，向上推送助力。目视左肘。（图2-61）

图2-61

（2）右脚向左脚后垫步，左脚向左贴地伸出，膝部伸直，右腿屈蹲，成左高仆步；同时，左拳变掌，弧形下插，穿至左膝上侧，掌心向外，指尖向下；右手成掌，护于右肋，掌心向上，指尖向左。目视左掌。（图2-62）

图2-62

（3）重心左移，右脚前上一步，左脚跟抬起，左腿伸膝；同时，右肘向前上发劲立起，高过头顶；左掌抓握右腕，向上推送助力。目视右肘。（图2-63）

图2-63

十六、大鹰振翅（张肘）

【练法】

（1）承上。右转体约半周，右脚从左腿后侧插步，随即两腿屈蹲成马步；同时，两掌向左右分撑，两肘伸开，指尖向下，掌心向后，约与胯平。目视前方。（图2-64）

图2-64

（2）上体左转约半周，两腿随转身扭坐成歇步；同时，两掌收拢胸前，交叉成十字手，左内右外，掌背向前。目视两掌。（图2-65）

图2-65

（3）右脚跟落地，左脚向左开步，两腿屈蹲成马步；同时，两肘振臂分张，约与耳平，两掌握拳置于肩前，拳心向下。目视前方。（图2-66）

图2-66

（4）上体右转约半周，两腿扭步，左脚跟提悬，前脚掌拄地，膝部沉跪；两肘划弧摆动，前臂立起，两拳约与耳平，拳心向里，拳面向上。目视右侧。（图2-67）

图2-67

（5）左脚向左跨上一步，两腿屈蹲成马步；同时，两肘振臂分张，肘尖略高于肩，两拳置于两肩前，拳心向下。目视右肘。（图2-68）

图2-68

十七、倚栏望月（靠肘）

【练法】

（1）承上。右转体约半周，左腿向右跪地，两腿交叉坐盘；同时，右拳变勾手，向右后伸臂勾挂，勾尖向上，略低于肩；左拳变掌，伸撑于左，略高过顶，掌心向外，指尖向上。目视右勾手。（图2-69）

图2-69

第二章　武当天罡连环肘（套路）

（2）身向左倾，左脚上起；同时，右勾手转腕成掌，伸向右斜上方，高过头顶，指尖向上；左掌向里下落，置于腰后。目视右掌。（图2-70）

图2-70

（3）左转身约半周，两腿蹬伸立起之际，左脚收于右脚内侧以脚尖点地，两腿屈蹲成左丁步；同时，右掌举于头顶上方，臂成半弧状，指尖向左（屈腕），掌心向下；左掌收护立于右腋前，掌心向右。目视左方。（图2-71）

图2-71

71

（4）左腿伸直，右脚向右一步，重心移于右腿，膝部略屈，成左高虚步；同时，左转体约90°，两肘后靠，一齐顶出，两掌握拳收于肋侧，拳心向上。目视左下。（图2-72）

图2-72

（5）身体右转，左脚从右腿前向右盖步，两腿交叉，右腿跪步；同时，左拳成勾手，向左后伸臂勾挂，勾尖向上，约与腰平；右拳变掌，伸撑于右，高过头顶，掌心向外，指尖向上。目视左勾手。（图2-73）

图2-73

（6）左勾手转腕成掌，伸向左斜上方，高过头顶，指尖向左；右掌向里下落，绕至身后，掌背贴腰，掌心向后。目视左掌。（图2-74）

图2-74

（7）右转身约半周，两腿蹬伸立起之际，右脚收于左脚内侧以脚尖点地，两腿屈蹲成右丁步；同时，左掌举于头顶上方，左臂略屈，指尖向右，虎口向下；右掌变拳上提，护于左肩前，拳眼向右，拳面向上。目视右侧。（图2-75）

图2-75

（8）左脚向左一步，随即向右转体，重心移于左腿，右腿伸直，前脚掌点地，成右高虚步；同时，两肘后靠，一齐顶出，左掌变拳与右拳一起收于两肋侧，拳心向上。目视右下。（图2-76）

图2-76

十八、老道关门（夹肘）

【练法】

（1）承上。向左转体，两脚摆扣，两腿屈蹲，成左半马步；同时，左拳变掌，向左下按于左膝前上，掌心向下，指尖向前；右拳变掌，向左下按于左腹前，掌心向下，指尖向前。目视左掌。（图2-77）

图2-77

（2）向左转体，右脚向左前上一步，两腿屈蹲成马步；同时，两臂屈肘夹抱胸前，两掌变拳顺势上提，拳心向里，拳面向上，约与眉平。目视前下。（图2-78）

图2-78

（3）重心移于左腿，右腿屈膝提起，脚掌贴近左膝，脚尖向下，成左独立步；同时，右拳变掌向下、向左、向上、向右前伸穿出，掌心向上，指尖向前，约与喉平；左拳变勾手，向左后勾挂，勾尖向右，约与耳平。目视右掌。（图2-79）

图2-79

（4）右脚先落于左脚内侧（震脚），左脚随即向左侧横开一步，右脚继收于左脚内侧，脚尖点地，成右丁步；同时，右掌向左屈臂竖立于头部左侧，掌心向右；左勾手变掌，屈肘里合，掌心向左。两臂成夹肘之势，掌背相对，两指尖皆向上，略高过顶。目视右侧。（图2-80）

图2-80

十九、拨云望月（撑肘）

【练法】

（1）承上。上身右转，右脚向右前跨出成右弓步；同时，两掌握拳一齐内旋，向右上架，高过头顶，两拳凸贴近，两拳眼向下，两肘尖向两侧撑开（两臂要有外撑之劲）。目视前方。（图2-81、图2-81附图）

第二章 武当天罡连环肘（套路）

图2-81

图2-81附图

（2）左脚向右前上一步，上体右转约90°，两腿屈蹲成马步；同时，两拳向左右下甩而出，拳心向后，约与胯平，两肘向外撑劲。目视右拳。（图2-82）

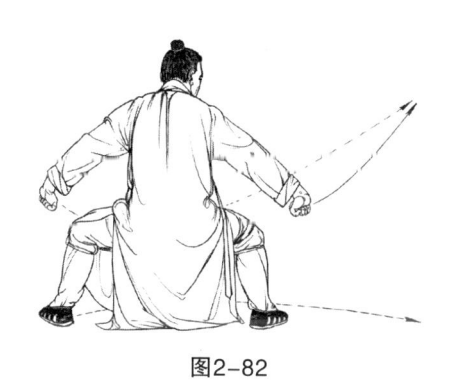

图2-82

77

（3）身体向右转约90°，左脚向右前上一步成左弓步；同时，两拳变掌，向左前上方插出，掌心向上，指尖斜向上，约与额平，两臂伸直。目视两掌。（图2-83）

图2-83

（4）两肘突发寸劲，向外抖撑，两掌顺势握拳。目视前方。（图2-84）

图2-84

二十、犀牛闯阵（捆肘）

【练法】

（1）承上。右脚向左前进步成右弓步；同时，两肘尖向前上顶出，两臂屈肘，两拳顺势后收于两肩上侧，拳心向里，拳眼向下。目视前方。（图2-85）

图2-85

（2）两脚摆扣，左转体约半周，成左弓步；同时，两拳变掌，划弧展开，右掌插向左前方，约与喉平，掌心向下，指尖向前；左掌扫向左后方，约与肋平，掌心向下，指尖向后。目视右掌。（图2-86）

图2-86

（3）左弓步不变；两掌握拳向腹前一收，随即上提耳侧（不停），拳心向下、向里，使两肘尖向前上顶出。目视前方。（图2-87）

图2-87

二十一、白虎洗脸（圈肘）

【练法】

（1）承上。左脚向后退步成右高弓步；同时，左拳向左、向下、向上绕环勾起，拳面向上，约与顶平，拳心对额，左肘向右圈劲（内格）；右拳变掌下按于腹前，掌心向下，指尖向左。目视左臂。（图2-88）

图2-88

第二章　武当天罡连环肘（套路）

（2）右脚内扣，左脚尖外转翘起，上体左转，成左虚步；同时，左臂向左摆转于左侧前方，拳面仍向上平顶；右掌向左上提，护于左肘。目视左臂。（图2-89）

图2-89

（3）左脚踏实，成左高弓步；同时，右掌变拳向右、向下、向上绕环勾起，拳面向上，约与额平，右肘向左圈劲；左拳变掌下按腹前，掌心向下，指尖向右。目视右臂。（图2-90）

图2-90

二十二、童子献书（抬肘）

【练法】

（1）承上。右脚从左腿后侧插步，脚跟抬起；同时，上体左转，左掌向后反撩，约与胯平，掌心向上，指尖向后；右拳变掌按于左肩前。目视左掌。（图2-91）

图2-91

图2-92

（2）右脚跟落地，重心移于右腿，左脚内收一步，前脚掌虚点地面，成左虚步；同时，左臂屈肘向下、向前、向上划弧抬起，约与肩平，左掌握拳，拳心向下；右掌外旋握拳，屈肘收抱右腰际，拳心向上。目视左方。（图2-92）

第二章　武当天罡连环肘（套路）

（3）左脚跟落地，右膝前跪，成左跪步；同时，左拳变掌向下划弧，甩至左后，指尖向后，虎口向上，略低于肩；右拳变掌，向后、向上、向前划弧下按，约与裆平，指尖向前。目视右掌。（图2-93）

图2-93

（4）右脚向前上步，重心移于左腿，成右虚步；同时，左掌变拳，收抱腰间，拳心向上；右臂屈肘向下、向前、向上划弧抬起（约与肩平），右掌握拳，收至胸前，拳心向下。目视右方。（图2-94）

图2-94

83

二十三、织女投梭（格肘）

【练法】

（1）承上。右拳转肘上提，拳面向上，约与额平，拳心向里，右前臂顺势向外拦格。目视右前臂。（图2-95）

图2-95

（2）右脚向后撤步，重心移于右腿，左脚跟稍提，成左虚步；同时，左拳向前反背击出，拳面向上，约与眼平，拳心向里，臂成半弧状；右拳收抱右腰间。目视左拳。（图2-96）

图2-96

（3）左脚前移成左弓步；同时，左拳变掌，向前推出，掌根平肩；右拳变勾手，向后伸臂勾挂，勾尖向上，约与胯平。目视左掌。（图2-97）

图2-97

（4）右脚向前弹出，脚背绷紧，约与腹平；两手不变。目视左掌。（图2-98）

图2-98

（5）右脚下落，左脚前进一步成左弓步；同时，左臂屈肘，前臂立起向外拦格，左掌变拳提起，约与额平，拳心向里；右勾手变掌，护于左臂。目视左臂。（图2-99）

图2-99

二十四、玄武弄风（摇肘）

【练法】

（1）承上。两脚前滑，仍成左弓步；同时，左肘摇转向前上击，约与额平，左拳置于左肩前，拳心向下；右掌稍落，护于左肋，掌心向下，指尖向左。目视左肘。（图2-100）

图2-100

（2）重心移于左腿，右腿屈膝提起，成左独立步；同时，右肘摇转，向前下弧劲摆击（约与胸平），右掌变拳，收至胸前，拳心向下；左手握住右腕，稳劲助势。目视右肘。（图2-101）

图2-101

（3）右脚向前落步，前脚掌着地，成右高虚步；同时，右肘向下、向外、向上划弧，摇劲前击，约与肩平；左手仍握右腕，顺势摇转助劲。目视右前。（图2-102）

图2-102

二十五、直捣黄龙(捣肘)

【练法】

(1)右脚向前一步成右弓步;同时,右肘向前平直捣出,上身略向前探;左手仍握右腕,向前推送助劲。目视右前。(图2-103)

图2-103

(2)左脚从右腿后侧插步,上身顺势扭转;同时,右拳反背向前砸击,拳面向上(右腕稍勾),约与肩平;左掌护于右腋前,掌心向下,指尖向右。目视右拳。(图2-104)

图2-104

（3）右脚里扣，左脚外展前移成左弓步；同时，身向左转，左肘顺势向前捣出，约与肩平；右手握住左腕，前推助劲。目视左前。（图2-105）

图2-105

二十六、玄武望月（插肘）

【练法】

（1）承上。重心移于右腿，左脚内收成左虚步；同时，上身右转，右臂屈肘向右后插出（约与肋平），右手握拳下落胯侧；左掌向左前翻，肘部略屈，掌心向上，指尖向前，约与肩平。目视右后。（图2-106）

图2-106

（2）左脚后退一步成右虚步；同时，左肘向左后插出（约与胸平），左掌变拳，拳心向下；右拳变掌抵住左拳面，向左后推送至左胸侧。目视左肘。（图2-107）

图2-107

图2-108

（3）右脚尖内扣，左脚尖外展，上身左转，两腿成左高虚步；同时，向左转身，左臂屈肘向左后插出（约与胸平）；右掌仍抵左拳面，继续推送。目视左肘。（图2-108）

第二章　武当天罡连环肘（套路）

（4）上身右转，右肘向右后插出（约与胸平），右掌变拳；左拳变掌抵住右拳面，推至右胸侧；下盘仍为左高虚步。目视右下。（图2-109）

图2-109

二十七、采和挎篮（挎肘）

【练法】

（1）承上。左脚从右腿后侧插步，随之左转约一周，两脚成左弓步；同时，左掌随转体向左抛拳，高举过头，拳心向后，拳面向上；右拳向右下甩，伸臂于右胯后，拳心向后，拳面向下。目视左前。（图2-110）

图2-110

（2）右脚向左前上一步，上体左转，两腿屈蹲成马步；同时，右拳向前上勾而起，屈肘上挎，上臂平肩，前臂竖立，拳高过顶，拳面向上，拳心向后；左拳下压，置于右腹前侧，拳心向下。目视右拳。（图2-111）

图2-111

（3）左脚向右上一步成左弓步；同时，右拳变掌，向前推出，掌心向前，指尖向上，约与眉平；左拳变勾手，向后伸臂勾挂，勾尖向上，约与腰平。目视右掌。（图2-112）

图2-112

（4）两脚摆扣，两腿屈蹲成马步；同时，右掌握拳，下收左肋；左勾手变拳，随右转体向上屈臂拐肘，拳心向里，拳面向上，约与顶平。目视左臂。（图2-113）

图2-113

二十八、灵官挥鞭（甩肘）

【练法】

（1）承上。上身右转，左脚随之向右上步，脚跟着地，脚尖上翘，成左高虚步；同时，左肘向左前甩击，约与额平，左拳变爪置于左肩前，爪心向下；右拳变掌，护于左胸，指尖向上，掌心向左。目视左肘。（图2-114）

图2-114

（2）左脚尖内扣落地，右脚尖外展上翘，成右高虚步；同时，右肘随右转身向右前甩击，约与鼻平，右掌握拳置于右耳侧，拳眼向下；左爪变掌，护于右胸。目视右肘。（图2-115）

图2-115

二十九、怀中抱月（抱肘）

【练法】

（1）承上。右脚落实，右膝沉跪，上身左转，成左骑龙步；同时，右拳划弧落至胸前，拳心向下，右肘顺势向右前斜顶（约与肩平）；左掌划弧在胸前抓住右腕，推劲助力，左肘后撑。目视右斜前方。（图2-116）

图2-116

第二章　武当天罡连环肘（套路）

（2）右膝上起，右脚稍收，左脚内扣，成右半马步；同时，右拳变掌向右前方翻出，成屈肘托掌势，低于右肩；左手变掌，收于左胸，指尖斜向下方（垂腕）。目视右掌。（图2-117）

图2-117

（3）右脚前移，左膝跪地，左脚跟抬起成右低跪步；同时，左掌变拳右划，落至胸前，拳心向下，左肘顺势向左前斜顶（约与肩平）；右掌划弧在胸前抓住左腕，推劲助力，右肘后撑。目视左斜前方。（图2-118）

图2-118

95

三十、玄武过江（砸肘）

【练法】

（1）承上。上身右转，两腿起立，左脚前上，成左高弓步；同时，右手握拳向右前反背劈出，拳面向上，约与额平，臂成半弧状，上臂约与肩平；左掌变拳向左后甩出，拳心向上，约与腰平。目视右拳。（图2-119）

图2-119

图2-120

（2）右腿屈膝提起，左腿伸膝站直，成左独立步；同时，上身右拧，左肘划弧向左上砸（约与肩平），左拳摆至胸前，拳心向下；右拳收至右腰，拳心向上，右肘下砸后提。目视左前下方。（图2-120）

（3）右脚向前落步成右高弓步；同时，左肘顺势向前直顶，上身前探；右拳屈肘向头前上方架起，拳心向前。目视前方。（图2-121）

图2-121

（4）左腿屈膝提起，右腿伸膝站直，成右独立步；同时，上身左拧，右拳向下后摆，拳心向下，右肘顺势向前下砸（约与胸平）；左肘下砸后提，左拳摆至左腋下侧，拳心向下。目视前下。（图2-122）

图2-122

三十一、白虎挡道（切肘）

【练法】

（1）承上。左脚落步，两腿屈蹲成左半马步；同时，两前臂一齐向前下切至左膝前上侧，两拳变掌，里合助劲，右掌在上，左掌在下，两掌心向下，指尖向外。目视左臂。（图2-123、图2-123附图）

图2-123

图2-123附图

（2）右脚里收，向右转体，成右虚步；同时，右掌收抱于右腰际成空心拳，拳心向上；左肘向左前切出，约与胸平，左掌变拳，拳心向下。目视左肘。（图2-124）

图2-124

三十二、野牛撞钟（撞肘）

【练法】

（1）承上。左脚向前上步成左弓步；同时，两肘一齐向前上撞出，约与肩平，两拳分别上提至腮侧，拳心向里，拳眼向下。目视前方。（图2-125）

图2-125

（2）两拳向前反背挂出，拳心向里，拳面向上，约与眉平。目视两拳。（图2-126）

图2-126

三十三、泰山压顶（压肘）

【练法】

（1）承上。两脚摆扣，成右弓步；同时，向右转身，右肘向右前上方捣挤而去（约与额平），两手屈指互扣胸前（右手虎口在下，左手虎口在上），左手在外，右手在里。目视右肘。（图2-127）

图2-127

（2）左膝沉跪，脚跟提起，上身右旋前倾；同时，两手仍互扣，左肘摇转向右前方压出，约与胸平；右肘后落贴肋。目视左肘。（图2-128）

图2-128

（3）左脚向里落实，上体左转，成左半马步；同时，两手松开成掌，左掌划弧，随转身向左前方翻劈而去，坐腕竖掌，掌心向前，臂稍低于肩；右掌斜伸于右大腿外侧，虎口向右。目视左掌。（图2-129）

图2-129

图2-130

（4）右腿蹬伸成左弓步；同时，右臂屈肘向上、向左前下压，约与额平，两手屈指互扣于胸前（右手虎口在里，左手虎口在外），左手在下，右手在上。目视右肘。（图2-130）

三十四、朱雀归巢（别肘）

【练法】

（1）承上。重心后移右腿，左脚稍收，上身右转，成左高虚步；同时，左手一落即托，约与肋平，掌心向上，指尖向前；右手屈肘后收，右掌置于颌侧，指尖向左，虎口向下，右肘斜向右上（约与顶平）。目视左前。（图2-131）

图2-131

（2）上身右转，两脚摆扣，成右弓步；同时，上身前压，左肘向右前别，肘尖向前（约与胸平），左掌变拳，置于腹前，拳面斜向下；右掌变拳，屈肘向右收抱于腰侧，拳心向上。目视左肘。（图2-132）

图2-132

（3）两脚摆扣，身体向左转，成左弓步；同时，上身前压，右肘向左前别，肘尖向前（约与胸平），右拳置于腹前，拳面斜向下；左拳收至左腰，拳心向上。目视右肘。（图2-133）

图2-133

三十五、玄龟藏形（卷肘）

【练法】

（1）承上。向右转身，右脚内收，脚跟提起，成右虚步；同时，右肘向右架于头顶右上方，肘尖向外，右拳眼向下，拳面向前；左拳向右前撞，约与腹平，拳心向上，拳面向前。目视前方。（图2-134）

图2-134

（2）右脚前移，脚跟落地，成右半马步；同时，两臂屈肘一起下压至腹前，两肘里夹，上身前倾，两拳稍向上勾腕。目视右拳。（图2-135）

图2-135

（3）左脚向右脚内侧上步成并步直立；同时，右拳向前冲出，拳面向前，拳心向下，约与肩平；左拳提护右肋前，拳心向下。目视右拳。（图2-136）

图2-136

三十六、老道捋须（沉肘）

1. 老道捋须

【练法】

（1）承上。左脚后退，两腿屈蹲成右半马步；同时，右拳直臂上举于右肩上方，拳心向后；左拳变掌按住右前臂，左前臂斜架于额前。目视前下。（图2-137）

图2-137

（2）右膝沉跪成左跪步；同时，右臂屈肘下沉至肋前，右拳面向上，约与鼻平，拳心向后；左掌下落，护于胸前。目视右臂。（图2-138）

图2-138

（3）起身，右脚从左腿后侧插步，前脚掌撑地；同时，上体左转，左掌成勾手，向左后反撩，约与胯平，勾尖向外；右拳变掌，护于左肩前，指尖向上，掌心向左。目视勾手。（图2-139）

图2-139

（4）左脚向左上步，两腿屈蹲成马步；同时，左勾手变拳，上挑于左前上方，拳心向后，拳面向上，左肘稍屈；右掌护于左肩前侧，掌心向左。目视左臂。（图2-140）

图2-140

（5）马步下沉；左肘下沉发劲，约与肋平，拳心向里，拳面向上，约与额平；右掌仍护左肩。目视左臂。（图2-141）

图2-141

2. 收势

【练法】

（1）承上。左脚向右脚正前绕进一步，前脚掌虚点地面，重心落于右腿，成左虚步；同时，左肘里合全胸前，垂肘竖臂，拳面向上，仍与额平；右掌仍护左肩。目视左拳。（图2-142）

图2-142

（2）右掌屈指握拳；左拳变掌按贴右拳面，缓缓向前推出，两手约与颌平，两臂成半弧状。目视前方。（图2-143）

图2-143

（3）左脚向左后退步，两腿屈蹲，成正马步；同时，两手落于脐前，左掌心托住右拳背。目视前方。（图2-144）

图2-144

（4）两腿伸膝立身；右拳变掌，与左掌同时外分、上伸、下按至腹侧，两指尖向前，掌心向下。（图2-145）

图2-145

（5）左脚收于右脚内侧，并步正身站立；两掌垂于体侧。（图2-146）

图2-146

第三章

武当天罡追魂肘（技击）

武当天罡追魂肘，乃以"六肘为母"演变而成。子母相生，混合连环，顺势送出，幻化多端，令敌胆寒。

其技击歌诀曰："六六三十六，武当天罡肘。横竖封门棍，翻飞如铁杆。近身一二三，有来不能走。"

"横竖封门棍"，指肘法防护，横可架压阻挡，竖可拨拦化解等，如棍一般。

"翻飞如铁杆",指肘头坚硬用力,如铁似钢,发劲凌厉,杀伤强烈。

"近身一二三",指贴身近战,招不过三,力求一招制敌,快速取胜。一招不中,二招继至,招招追魂。

第一节　玄武演道（叠肘）

叠肘，主要用于防守，左右、上下，撬压、阻截，然后乘机对敌反击。

一、抓扭跌

【用法】

（1）敌方两手伸臂，抓揪我方胸襟。（图3-1）

（2）我方速起左手，从敌方右前臂下侧穿过，抓按敌方左腕。（图3-2）

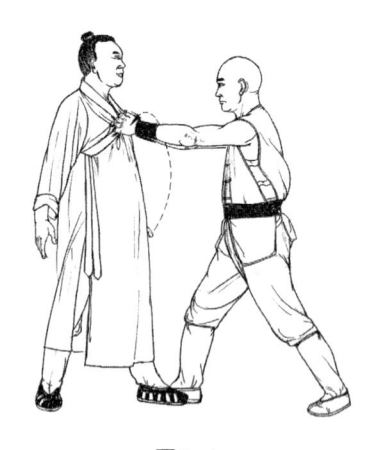

图3-1

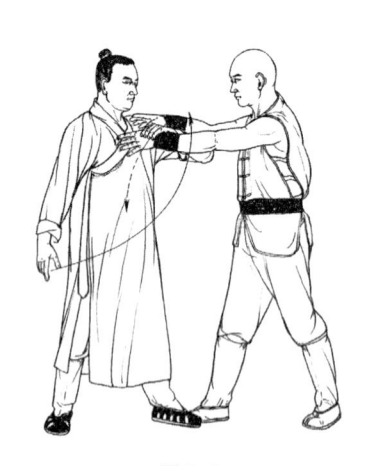

图3-2

（3）接着，我方右手从敌方左前臂上侧绕过，抓按其右腕。（图3-3）

图3-3

（4）不停，我方上体右旋，右肘下沉，右手下拉其右腕；左肘上抬，撬别敌方右肘，将其扭翻于地。（图3-4）

图3-4

二、击肘节

【用法】

（1）敌方右脚进步，用左直拳攻击我方胸部。（图3-5）

（2）我方速起左手，向右拍拦敌方左腕。（图3-6）

图3-5

图3-6

（3）不停，我方左手顺势抓住敌方左腕后拉，右肘猛然上抬，抖劲担击敌方左肘下侧，伤其关节。（图3-7）

图3-7

第二节　神针定海（钉肘）

钉肘，多用在破解敌方抱腿、抱腰时。也可先行对敌擒拿，再乘机施以钉肘打击。

一、击后背

【用法】

（1）敌方抢步上前，突然俯身，用双手抱住我方在前之左腿。（图3-8）

图3-8

（2）我方上身迅疾前倾，左膝前弓用力，稳住桩步，以防被摔；同时，提起右肘，向下猛力钉击敌方后背，使其受创趴地。（图3-9）

图3-9

二、击膝节

【用法】

（1）敌方垫步进身，右腿踹击我方腹部。我方左脚迅疾撤步，避过敌腿锋芒之际，右臂向前下拦敌方右小腿。（图3-10）

图3-10

（2）不停，我方右手旋腕里勾，右肘顺势兜夹敌方右腿，抱挟胸前；同时，左脚上一步，左肘发力，向下钉击敌方右膝，创其关节。（图3-11）

图3-11

第三节　禹公绞剪（剪肘）

剪肘，也叫"剪手"，即两肘里合，以前臂绞剪，既可拦截与迟滞敌方攻击，同时也可伤其肢节，防中有攻。

一、剪绞臂

【用法】

（1）敌方右脚进步，右拳冲击我方前胸。（图3-12）

图3-12

（2）我方胸部稍吞，避过敌方右拳之际，两臂前提，左前右后，右肘向左，左肘向右，绞合敌方右臂，拦截敌拳，伤其腕肘。（图3-13）

图3-13

二、剪腿跌

【用法】

（1）敌方向前移步之际，猛然提起左腿踹击我方胸部。我方向后挪身，避过敌方腿击锋芒，左掌拍格敌方左脚。（图3-14）

（2）不停，我方右脚跨上一步，左前臂向右裹贴敌方左小腿，右臂向左裹夹敌方左膝，两肘交错使劲，绞剪其腿，致其跌倒。（图3-15）

图3-14

图3-15

第四节　犀牛分水（崩肘）

崩肘，肘头外崩，劲法利落，抖震难防。

一、闪击肋

【用法】

（1）敌方右脚抢步，右摆拳扫击我方头部。我方疾收左步，沉身下蹲，避过敌拳锋芒。（图3-16）

图3-16

（2）不停，敌拳刚过头顶之际，我方左脚速进，后绊敌方右腿；同时，两肘分崩，右肘向后助劲，左肘向前发力，伤其右肋。（图3-17）

图3-17

二、崩击肋

【用法】

（1）敌方垫步进身，右踹腿踢击我方胸部。我方左腿迅疾撤步，沉身半蹲，两手屈臂上起，右前臂拦架敌方右小腿，阻截敌方腿击。（图3-18）

图3-18

（2）不停，我方左脚上步，右肘外划后崩，拨开敌方右腿，左肘顺势崩劲前送，对准敌方右肋，致其重创。（图3-19）

图3-19

第五节　青牛摆角（盘肘）

盘肘，多向前横向发劲，弧形肘法，攻击性强。

一、击腮部

【用法】

（1）敌方右脚进步，右拳攻击我方脸部。我方左脚撤步，左肘上提，向外格挡敌方右臂。（图3-20）

图3-20

（2）不停，我方两脚前滑，上体左旋发力，右肘向前盘击，伤其左腮。（图3-21）

图3-21

二、击心窝

【用法】

（1）敌方右脚进步，右摆拳攻击我方头部。我方见敌拳攻来，撤身避过。（图3-22）

（2）随即，我方两脚前滑，身向左旋，右肘向前盘击，伤其心窝。（图3-23）

图3-22

图3-23

三、击脖颈

【用法】

（1）敌方右脚进步，右拳攻击我方脸部。我方身略左偏，两手上提，格挡敌方腕臂。（图3-24）

图3-24

（2）不停，我方右手旋腕扣指，顺势抓住敌方右腕；同时，向右旋身，左肘盘击，伤其右颈。（图3-25）

图3-25

四、击软肋

【用法】

（1）敌方右脚进步，右拳攻击我方头部。我方右脚向左外侧绕步，以右掌拦格敌方右臂。（图3-26）

图3-26

（2）不停，我方左脚绕步，后绊敌方右腿，右掌旋腕扣抓敌方右腕，顺势上举；同时，左肘乘机盘击，伤其右肋。（图3-27）

图3-27

五、击脑后

【用法】

（1）敌方右脚进步，右拳攻击我方脸部。我方左脚迅疾撤步，沉身避敌，右臂上挑，格挡敌方右肘。（图3-28）

（2）不停，我方左脚上步，后绊敌方右腿；同时，右掌顺势抓捋敌方右腕，向右后牵，上体右旋，左肘盘击，震击敌方脑后。（图3-29）

图3-28

图3-29

六、击小腹

【用法】

（1）敌方右脚进步，右拳攻击我方头部。我方扭步沉身，避过敌拳锋芒，左手上划，拦格其臂。（图3-30）

（2）不停，我方右脚速上，进敌裆前；同时，跪步旋身，右肘盘击，创其下腹部。（图3-31）

图3-30

图3-31

第六节　虎踞龙盘（磕肘）

磕肘，肘尖内旋，多向下发，快捷有力，可防可攻。

一、击肘节

【用法】

（1）敌方右手突伸，抓锁我方胸襟，意欲擒制。（图3-32）

图3-32

（2）我方疾用右手抓按敌方右手，向后拉伸，上体顺势右旋，左肘猛力磕击敌方右肘，伤其关节。（图3-33）

图3-33

二、击膝节

【用法】

（1）敌方向前移步，右脚踢我下腹。我方左脚撤步；同时，右掌向下外拦敌方右踝。（图3-34）

（2）不停，我方右掌旋腕，右肘顺势兜架敌方小腿，提抱于胸侧；同时，左脚上步，向右转身，左肘发劲，磕击敌方右膝，损其关节。（图3-35）

图3-34

图3-35

第七节　坤道问路（顶肘）

顶肘，向前直线发劲，擅长主动进攻。

一、击胸侧

【用法】

（1）敌方右脚进步，右拳攻击我方脸部。我方左脚撤步，旋身扭步，用左前臂格击敌方右臂，化解敌方拳力。（图3-36）

图3-36

（2）不停，我方左脚上步，后绊敌方右腿；同时，左肘顺势向前顶击，伤其右胸。（图3-37）

图3-37

二、击软肋

【用法】

（1）敌方左脚上步，左拳攻击我方脸部。我方身略后吞；同时，上提左手，用掌背拦格敌方左臂，化解敌方拳力。（图3-38）

图3-38

（2）不停，我方左掌里旋，贴住敌方左腕向外划劲；同时，右脚上步后绊敌方左腿，右肘顺势顶击，伤其左肋。（图3-39）

图3-39

三、击裆部

【用法】

（1）敌方上步进身，向右旋体，左脚踹击我方胸部。我方偏身，避过敌腿之际，上挑左臂，格挡敌方左腿。（图3-40）

（2）不停，我方右脚前上，跪步沉身，上体左转，右肘顶击，伤其裆部。（图3-41）

图3-40

图3-41

四、击下颌

【用法】

（1）敌方右脚上步，右手抓击我方裆部。我方向右旋体，左掌向右划格，化开敌方来招。（图3-42）

（2）不停，我方向左回身，左肘顶击，伤其下颌，致其跌出。（图3-43）

图3-42

图3-43

第八节　倒提金钟（提肘）

提肘，由下上发，劲法别致，犀利难防。

一、击下颌

【用法】
（1）敌方右脚进步，右拳攻击我方脸部。我方左脚撤步，右掌上提，劈切敌方右腕，阻截来击之拳。（图3-44）

图3-44

第三章 武当天罡追魂肘（技击）

（2）不停，我方左脚上步，后绊敌方右腿；同时，左肩顺势前靠敌方右胸。（图3-45）

图3-45

（3）随即伸腿立身，左肘向上提击，伤其下颌。（图3-46）

图3-46

135

二、击软肋

【用法】

（1）我方右脚抢步上前，接近敌方之际，右拳反背劈击敌方脸部。敌方见我势猛，两臂一齐向上拦挡我方右臂。（图3-47）

图3-47

（2）我方两脚垫步速进，丁步沉身，右肘划弧发力，顶击敌方左肋。（图3-48）

图3-48

第九节　仙子挑帘（挑肘）

挑肘，由下向前弧形上挑，主动攻击，实用性强。

一、击下颌

【用法】

（1）敌方右脚进步，右拳攻击我方脸部。我方向后滑步，速起左手，拦格敌方右腕，阻截其拳攻击。（图3-49）

图3-49

（2）不停，我方右脚乘机上步至敌方裆前，右肘顺势上挑，伤其下颌，致其后倒。（图3-50）

图3-50

二、击心窝

【用法】

（1）敌方右脚进步，右拳冲击我方脸部。我方沉身扭步，左手上举，拦架敌方右腕，化解敌方拳击。（图3-51）

（2）不停，我方起身，左脚急进，右肘顺势向前挑击，伤其心窝。（图3-52）

图3-51

图3-52

三、击腋下

【用法】

（1）敌方左脚上步，左拳攻击我方脸部。我方吞身，以左手拦封敌方左腕。（图3-53）

（2）不停，我方左掌外旋扣抓敌方左腕，向下旋拧；同时，右脚上步，后绊敌方左腿，右肘上挑，伤其左腋。（图3-54）

图3-53

图3-54

四、击脊椎

【用法】

（1）敌方左脚进步，左拳攻击我方脸部。我方向后挪步，左掌拦封敌方左腕。（图3-55）

图3-55

（2）不停，我方左手向外扣抓敌方左腕，顺势向下旋拧，使敌身形扭转。（图3-56）

图3-56

（3）随即我方右脚斜上一步，上身左旋，右肘挑击，伤其脊椎。（图3-57）

图3-57

第十节　遮风挡雨（架肘）

架肘，力在前臂，防守多用。但也可发力，弧形封拦，致敌不利。

一、封咽喉

【用法】

（1）敌方右脚进步，右拳攻击我方脸部。我方向后挪步，左臂向前上架敌方右臂，阻截敌方拳击。（图3-58）

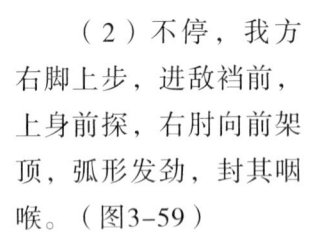

图3-58

（2）不停，我方右脚上步，进敌裆前，上身前探，右肘向前架顶，弧形发劲，封其咽喉。（图3-59）

图3-59

二、架腋跌

【用法】

（1）敌方左脚上步，左拳冲击我方头脸部。我方向后挪步，右掌上起，拦推敌方左臂。（图3-60）

图3-60

（2）随即，我方右脚上步；同时，左臂屈肘向前架推敌方左腋。（图3-61）

图3-61

（3）不停，我方左肘猛然发劲，向前摆击，伤其左耳，将其跌出。（图3-62）

图3-62

第十一节　二郎担山（担肘）

担肘，多侧身发劲，弧形上抬，有如樵夫担柴，肩背合劲，力量整重。

一、击软肋

【用法】

（1）敌方右脚进步，右拳攻击我方脸部。我方向后吞身，两掌同出，右掌托住敌方右腕，左掌托住敌方右肘，阻截敌击。（图3-63）

（2）不停，我方左脚上步，后绊敌方右腿；同时，左肘向前上担，肘尖发力，伤其右肋。（图3-64）

图3-63

图3-64

二、击心窝

【用法】

（1）敌方右脚进步，右拳攻击我方脸部。我方向后挪身之际，左臂上提，格挡敌方右臂。（图3-65）

图3-65

（2）不停，我方左脚前滑，右掌顺势前穿，戳击敌方咽喉。敌方仰头闪避。（图3-66）

图3-66

（3）我方右脚速上，进于敌方裆前，沉步探身，右肘前担，肘尖发力，伤其心窝。（图3-67）

图3-67

三、击腋部

【用法】

（1）敌方左脚上步，左拳攻击我方脸部。我方撤步沉身，避过敌拳，右掌上托敌方左臂，破解来势。（图3-68）

图3-68

（2）不停，我方两脚前滑，右脚抢进敌方裆下，右掌推开其肘之际，右肘顺势向前上担，伤其左腋。（图3-69）

图3-69

第十二节　雷公霹雳（劈肘）

劈肘，力量很大，杀伤强烈，不易拦挡，常可一招制敌。

一、击脑后

【用法】

（1）敌方右脚进步，右拳攻击我方脸部。我方左脚撤步，右臂上起，拦格敌臂，阻截来招。（图3-70）

（2）不停，我方右掌擒抓敌方右臂，向后牵拉；同时，左脚上于敌方裆下，左肘借势发力，劈击敌方。（图3-71）

图3-70

图3-71

二、击上臂

【用法】

（1）敌方右脚进步，右拳攻击我方脸部。我方向后滑步，右腕上挑，拦格敌方右臂，化解来劲。（图3-72）

（2）不停，我方右掌旋抓敌方右腕向右下拉；同时，左脚向前上步，左肘发劲，劈砸其右上臂，伤其肩关节。（图3-73）

图3-72

图3-73

三、击大腿

【用法】

（1）敌方移步近身，右脚弹踢我方腹部。我方急忙撤步，右拳伸肘，向下拦格敌方脚踝。（图3-74）

（2）不停，我方右臂屈肘，顺势兜夹敌方右小腿；同时，左脚速上一步，上身右转发力，左肘劈砸敌方右大腿，伤其髋筋，致其摔跌。（图3-75）

图3-74

图3-75

第十三节　金风卷柳（扫肘）

扫肘，弧形发劲，力大势猛，如再配合进步与转身，更为难挡。

一、击头侧

【用法】

（1）敌方右脚进步，右拳攻击我方脸部。我方左脚撤步，右手上起，拦格敌方右臂。（图3-76）

图3-76

（2）不停，我方右臂外拨后摆；同时，左脚上步，左肘前扫，将其击倒。（图3-77）

图3-77

二、击脑后

【用法】

（1）敌方跨步，右腿横踢我方头部。我方向后滑步，蹲身收势，避过敌方腿击。（图3-78）

图3-78

（2）不停，我方向右转身，右脚摆步；同时，右肘发力，顺势后扫，击其脑后。（图3-79）

图3-79

第十四节　青蛇摇首（晃肘）

晃肘，多左右连环，摇晃出击，虚实相兼，灵活多变。

一、连击腮

【用法】

（1）敌方右脚进步，左拳攻击我方头部。我方左脚撤步，右臂上架，拦其敌方左臂。（图3-80）

图3-80

（2）不停，我方右手顺势擒抓敌方左腕，向右后拉；同时，左脚上步，后拦敌方左腿，左肘发力，前晃扫击，伤其右腮。（图3-81）

图3-81

（3）接着，我方上身左转，右肘前晃，转身发力，伤其左腮。（图3-82）

图3-82

二、击腰腹

【用法】

（1）敌方右脚上步，右拳攻击我方脸部。我方迅疾沉身，右膝跪步，避过敌拳；同时，向左旋身，右肘前晃，伤其小腹。（图3-83）

图3-83

（2）不停，我方向右转体，左腿跪步；同时，右肘后拉，左肘前晃，伤其右腰。（图3-84）

图3-84

第十五节　擎天一柱（立肘）

立肘，多由下向上突然发力，劲法别致，短促突击，出奇制胜。

一、击下颌

【用法】

（1）敌方右脚进步，右拳攻击我方脸部。我方撤步沉膝，上身右旋，左肘内裹，拦格敌臂，化开其力。（图3-85）

图3-85

（2）不停，我方左脚上步，左臂前推，左肘上立，肘尖发劲，伤其下颌。（图3-86）

图3-86

二、击心窝

【用法】

（1）敌方进身，右脚蹬踢我方裆部。我方右旋沉身，左膝跪步；同时，两手抄抱敌方右脚，顺势后拉，致其失衡。（图3-87）

（2）不停，我方乘机左转；同时，左肘立起，向前挑击，伤其心窝。（图3-88）

图3-87

图3-88

第十六节　大鹰振翅（张肘）

张肘，如鹰振翅欲飞。张肘发劲，动作舒展，力道顺达，蓄发自如。

一、击腋下

【用法】
（1）敌方右脚抢步，右拳攻击我方脸部。我方后撤，并步蹲身；同时，右拳上抡，拦架敌方右臂，阻截其攻击。（图3-89）

图3-89

（2）不停，我方左脚上步，后绊敌方右腿；同时，左肘上张，肘尖发力，伤其右腋。（图3-90）

图3-90

二、击软肋

【用法】

（1）敌方左脚上步，左拳攻击我方脸部。我方向后滑步，避敌锋芒之际，左掌上挑，拦截其臂。（图3-91）

图3-91

（2）不停，我方左掌顺势抓拧敌方左腕；同时，右脚上步后绊敌方左腿，上体左旋，右肘砸压敌方左肘，伤其关节，将其擒制。（图3-92）

图3-92

（3）敌方撤臂欲逃。我方两手顺势松开，两肘乘机张开，猛然崩发，右肘前挑，伤其左肋。（图3-93）

图3-93

第十七节　倚栏望月（靠肘）

靠肘，多两肘齐发，力量整重，但向后发力要见机使用，不宜轻施。

一、击软肋

【用法】
（1）敌方突袭，从我身后用两手搂抱。（图3-94）

图3-94

（2）我方右脚速退，沉身稳体；同时，两肘猛然向外分展，崩开敌方两臂。（图3-95）

图3-95

（3）不停，我方身向后挤，两肘猛然下靠，撞击敌方两肋，致其后倒。（图3-96）

图3-96

二、击腰部

【用法】

（1）敌方左脚抢步，左拳攻击我方脸部。我方见其来势凶猛，右脚疾向右前闪步，避过敌拳，绕至敌方左侧。（图3-97）

图3-97

（2）不停，我方左脚再向其右腿后侧绕步，背对敌方。（图3-98）

图3-98

第三章　武当天罡追魂肘（技击）

（3）接着，我方背部后仰，两肘后靠，撞击敌方腰部，致其前栽。（图3-99）

图3-99

第十八节　老道关门（夹肘）

夹肘，两肘里合，震劲夹击，近身使用，常收奇效。

一、击耳门

【用法】

（1）敌方右脚上步，两手抓击我方两肋。我方含胸吞腹，避过敌方来招。（图3-100）

图3-100

165

（2）不停，我方趁其前倾之势，左脚前滑，两肘里合，向前夹击，伤其两耳。（图3-101）

图3-101

二、夹臂擒

【用法】

（1）敌方右脚上步，两手突然抓卡我方咽喉。（图3-102）

图3-102

（2）我方右脚前上，立起身体；同时，两臂屈肘内合，夹击敌两前臂。（图3-103）

图3-103

（3）不停，我方上身前倾，两肘猛然向前下压，致其前扑跪地。（图3-104）

图3-104

第十九节　拨云望月（撑肘）

撑肘，向外发力，劲法独特，隐蔽难测，暗招难防。

一、击软肋

【用法】
（1）敌方左脚上步，左拳攻击我方脸部。我方左脚撤步，右臂上挑，拦挡敌方左臂。（图3-105）

图3-105

第三章　武当天罡追魂肘（技击）

（2）随即，我方疾上左脚进至其裆下，上身左转，右手拉其左腕；同时，左掌上提，腕部内勾，搬别敌方左肩，两手交错，擒制敌方。（图3-106）

图3-106

（3）敌方挺臂反抗。我方左肘前撑，顺势发劲，冷然抖动，伤其左肋。（图3-107）

图3-107

二、击下颌

【用法】

（1）敌方右脚上步，右拳攻击我方脸部。我方左脚撤步；同时，以右掌格其前臂。（图3-108）

图3-108

（2）随即，我方左脚进步，右脚摆步，右掌抓拉敌方右腕；同时，身体向右转，左臂夹压敌方右肘，致其前扑。（图3-109）

图3-109

（3）敌方撤身欲逃。我方左转，左肘上抬，猛然前撑，肘尖发力，伤其下颌。（图3-110）

图3-110

第二十节　犀牛闯阵（捆肘）

捆肘，近身发劲，力道整重，两肘齐发，不易防范。

一、击前胸

【用法】

（1）我方左脚上步，右掌突然穿击敌方咽喉。敌方撤身躲闪。（图3-111）

图3-111

（2）随即，我方右脚抢步，踏入敌方裆下，两爪齐发，抓击敌方锁骨。（图3-112）

图3-112

（3）不停，我方两脚前滑，右腿前弓，两臂屈起，猛然发劲，捆肘击胸，致其后倒。（图3-113）

图3-113

二、击小腹

【用法】

（1）敌方进步，右腿踹踢我方头部。我方向后滑步，沉身闪避，两手按地，蓄势待发。（图3-114）

图3-114

（2）不停，我方乘其势尽，左步前滑，逼近敌身，两臂捆肘，肘尖抖劲，伤其小腹。（图3-115）

图3-115

第二十一节　白虎洗脸（圈肘）

圈肘，弧形发劲，力量很大，变化灵活，非常实用。

一、击头部

【用法】

（1）敌方右脚进步，右拳攻击我方脸部。我方右臂上提，内裹敌方前臂，阻截其拳攻击。（图3-116）

（2）不停，我方两脚滑步，抢其中门；同时，右臂向下圈压，拨开敌方右臂，左肘向前圈击，伤其头部。（图3-117）

图3-116

图3-117

二、击头脸

【用法】

（1）敌方左脚抢步，右拳攻击我方脸部。我方向左闪步，避过敌方拳击。（图3-118）

图3-118

（2）随即，我方左脚向敌方右侧绕步，上身右旋之际，左肘圈击，伤其后脑，致其前栽。（图3-119）

（3）不停，右肘圈击，紧跟而出，伤其脸部。两次圈肘，一后一前，犀利难挡。（图3-120）

图3-119

图3-120

第二十二节　童子献书（抬肘）

抬肘，肘尖一抬，暗劲偷发，短促突击，善于奇袭。

一、击下颌

【用法】

（1）敌方右脚跨步，左拳攻击我方胸部。我方向右旋身；同时，左臂划格，拦其前臂，化解来劲。（图3-121）

（2）不停，我方向左转身，右腿蹬起，左肘上抬，顺势发劲，伤其下颌。（图3-122）

图3-121

图3-122

二、击软肋

【用法】

（1）敌方右脚进步，右拳攻击我方胸部。我方向右旋身扭步，左臂内裹，格其右肘，化解敌方拳击。（图3-123）

（2）不停，我方左脚上步，后绊敌方右腿；同时，左肘穿过敌方右臂，向前抬击，伤其右肋。（图3-124）

图3-123

图3-124

三、击肝区

【用法】

（1）敌方进步，右脚弹踢我方裆部。我方撤身，丁步沉膝；同时，左掌下砸敌方右脚踝，阻截敌方踢击。（图3-125）

（2）不停，我方左脚上步，左腿前弓；同时，左肘发劲，向前抬击，伤其肝区。（图3-126）

图3-125

图3-126

第二十三节　织女投梭（格肘）

格肘，善于横击，防守之时，可架拨拦压；用于攻击，可撞推顶靠。

一、击胸侧

【用法】

（1）敌方右脚进步，右拳攻击我方脸部。我方向后滑步，以右肘外格敌方前臂。（图3-127）

图3-127

（2）不停，我方右脚上步，拦截敌方右腿；同时，右肘顺着敌方右臂前滑，靠击敌方右胸，将其击倒。（图3-128）

图3-128

二、击心窝

【用法】

（1）敌方进身，右腿鞭踢我方头部。我方撤身，向右偏身避过，左臂顺势上抬，架格敌方右小腿。（图3-129）

图3-129

（2）不停，我方右脚前跨，后绊敌方左腿；同时，右肘向前发劲，格击敌方心窝，将其撞倒在地。（图3-130）

图3-130

第二十四节　玄武弄风（摇肘）

摇肘，与晃肘相似，但其变化更多，力量更大。

一、击腮部

【用法】

（1）敌方右脚进步，右拳攻击我方胸部。我方撤步；同时，右掌前起，外拦敌方右臂，阻截来招。（图3-131）

图3-131

（2）不停，我方右掌顺势缠抓敌方右腕，向右下拉，致其前倾；同时，左脚上步，后绊敌方右腿。（图3-132）

图3-132

（3）随即，我方右手松开，右肘摇转向前，迎击敌方左腮，将其打倒在地。（图3-133）

图3-133

二、击咽喉

【用法】

（1）敌方右脚进步，右拳攻击我方脸部。我方向后滑步，向左扭身，左掌划格敌方前臂，化解来劲。（图3-134）

图3-134

（2）不停，我方右脚上步，拦截敌方右腿；同时，右肘向前上摇，伤敌咽喉，将其击倒。（图3-135）

图3-135

三、击脑后

【用法】

（1）敌方右脚进步，右拳攻击我方脸部。我方撤身扭步，左臂内裹，格击敌方右肘，化解其力。（图3-136）

（2）不停，我方左脚上步；同时，向右旋身，左肘摇摆，顺势发力，伤其脑后。（图3-137）

图3-136

图3-137

四、击小腹

【用法】

（1）敌方左脚跨步，右拳攻击我方脸部。我方沉身偏步，向左闪过，蓄势待发。（图3-138）

（2）不停，我方左脚前移，接近敌方；同时，右肘摇转，左摆发力，伤其小腹。（图3-139）

图3-138

图3-139

第二十五节　直捣黄龙（捣肘）

捣肘，直向发劲，力大势顺，用法很多。

一、击心窝

【用法】

（1）敌方右脚进步，右拳攻击我方胸部。我方撤步沉身，左拳上提，格挡敌方右腕。（图3-140）

图3-140

（2）不停，我方右脚跨步进至敌方裆前；同时，右肘发劲，顺势捣击，伤其心窝。（图3-141）

图3-141

二、击裆部

【用法】

（1）敌方右脚进步，右拳攻击我方脸部。我方撤步蹲身；同时，右臂裹格敌方前臂。（图3-142）

图3-142

（2）不停，我方右脚上步进至敌方裆下，身向下潜，右臂屈肘，发劲前捣，伤其裆部。（图3-143）

图3-143

三、击腰肾

【用法】

（1）敌方左脚上步，右拳攻击我方脸部。我方向左闪步偏身，避过敌方拳击。（图3-144）

图3-144

（2）随即，我方两脚急速绕步，游身变势，向左转身，突进至敌方背后。（图3-145、图3-146）

图3-145

图3-146

（3）不停，我方右脚向前上步，前弓发劲；同时，右肘猛然前捣，伤其腰肾。（图3-147）

图3-147

第二十六节　玄武望月（插肘）

插肘，见缝插针，多向后击，肘法隐蔽，暗劲难防。

一、解脱法

【用法】

（1）敌方突袭，从我方身后搂抱，欲行摔跌。（图3-148）

图3-148

（2）我方左脚速退，向下沉身，使敌方两臂松动之际，乘机向左旋身，左肘后插，伤其左肋。（图3-149）

图3-149

二、击软肋

【用法】

（1）敌方右脚进步，右拳攻击我方脸部。我方退身，以右肘拦格敌方右腕。（图3-150）

图3-150

（2）不停，我方左脚上步，上体右转，右脚插步，右肘旋劲，向后插击，伤其右肋。（图3-151）

图3-151

三、击小腹

（1）敌方左脚上步，右拳攻击我方脸部。我方左脚撤步；同时，右手向前上拦敌方右臂，阻截敌方拳击。（图3-152）

图3-152

第三章　武当天罡追魂肘（技击）

（2）随即，我方右掌外捋敌方右腕；同时，左脚上步，里绊敌方左脚。（图3-153）

图3-153

（3）不停，我方左脚内扣，向下沉身，重心左移，左肘插击，伤其小腹。右掌助劲，推送左拳，力量更大。（图3-154）

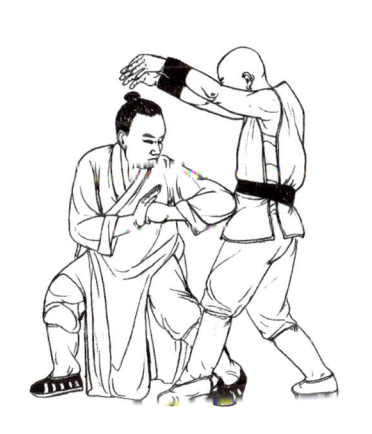

图3-154

第二十七节　采和挎篮（挎肘）

挎肘，为肘弯向上发力的肘法，多用于擒拿、摔跌。

一、挎肘擒

【用法】

（1）敌方左脚上步，左拳攻击我方脸部。我方左脚撤步；同时，右肘上提，格挡敌方前臂，阻截敌方拳击。（图3-155）

图3-155

（2）不停，我方上身右旋，以左肘兜挎敌方左肘；同时，右臂向外侧推，两臂交错使劲，致其臂痛失力。（图3-156）

图3-156

（3）如敌仍想顽抗，我则继续用劲，右手向下扒按，左肘向里勾压，大幅反扭敌方左臂，彻底将其擒伏。（图3-157）

图3-157

二、挎肘跌

【用法】

（1）敌方左脚上步，左拳攻击我方胸部。我方向后撤步；同时，两手外拦，截其腕肘。（图3-158）

图3-158

（2）随即，我方右掌顺势擒抓敌方左腕；同时，左手从敌方肘下绕过，屈臂兜挎。（图3-159）

图3-159

第三章　武当天罡追魂肘（技击）

（3）不停，我方左肘猛然向左后发力，带动其肘，使其前栽扑出。（图3-160）

图3-160

三、挎腿跌

【用法】

（1）敌方前移，左腿踹击我方胸部。我方向后滑步，避开敌腿，左掌上格，挡开其腿。（图3-161）

图3-161

（2）随即，我方左手外划，擒抱敌方左小腿；同时，右脚上步，右臂屈肘，上挎敌方左膝，致其仰身。（图3-162）

图3-162

（3）不停，我方右步前滑，左手前送，右肘提挎，猛然发劲，将其掀翻。（图3-163）

图3-163

第二十八节　灵官挥鞭（甩肘）

甩肘，甩劲如鞭，放长击远；屈中有直，弧里有横，变化多端。

一、击头部

【用法】

（1）敌方右脚进步，右拳攻击我方胸部。我方两掌提起，含胸吞腹，避过敌方拳击。（图3-164）

图3-164

（2）随即，我方两掌下劈，对准敌方右臂，将其击落。（图3-165）

图3-165

（3）不停，我方左脚稍进，向左旋身，右肘甩击，顺势抖震，伤其头部。（图3-166）

图3-166

二、击裆部

【用法】

（1）敌方上步，右脚蹬踢我方胸部。我方撤步偏身，两手捞抱敌方右脚，先行控制。（图3-167）

图3-167

（2）不停，我方右脚上步，弓步探身；同时，右肘前甩，直奔其裆，将其击倒。（图3-168）

图3-168

第二十九节 怀中抱月（抱肘）

抱肘，说是肘法，其力在臂，即手臂环抱，多用来擒拿。

一、顺抱颈

【用法】

（1）敌方右脚进步，右拳攻击我方脸部。我方向后滑步，以左臂裹格敌右前臂。（图3-169）

图3-169

第三章　武当天罡追魂肘（技击）

（2）随即，我方左手勾腕，下压敌方右臂；同时，右脚上步，后绊敌方右腿，右肘前伸，圈拦敌方左颈。（图3-170）

图3-170

（3）不停，我方右臂内圈，抱夹敌方头颈，向后收拢，致其窒息。（图3-171）

图3-171

203

二、抱臂擒

【用法】

（1）敌方右脚进步，右拳攻击我方脸部。我方向后滑步，避敌拳锋，右手前劈，伤其右臂。（图3-172）

图3-172

（2）随即，我方两脚垫步，右手抓住敌方右腕向后牵拉，身向右旋；同时，左手抓己右腕助劲，左肘由上向右抱夹敌方右肘，大力下压，将其擒拿。（图3-173）

图3-173

第三十节 玄武过江（砸肘）

砸肘，多向下或向后发劲，与钉肘、沉肘等法相类，要顺势出击，贴身近用。

一、砸脑后

【用法】
（1）敌方右脚向前冲步，右拳攻击我方胸部。我方见敌方来势凶猛，迅疾向左闪步，至其身右，两手斜举，蓄势待发。（图3-174）

图3-174

（2）不停，我方向右回身，右肘猛砸，击其脑后。（图3-175）

图3-175

二、砸咽喉

【用法】

（1）敌方右脚进步，右拳攻击我方脸部。我方左脚后撤，右臂格架敌方前臂，阻截敌方拳击。（图3-176）

图3-176

（2）不停，我方左脚上步，拦绊敌方右腿；同时，右掌顺势抓拧敌方右臂，左臂屈肘提起，砸其咽喉，致其昏晕。（图3-177）

图3-177

第三十一节　白虎挡道（切肘）

切肘，多向下发力，攻击关节。可根据技击需要，使用肘尖、肘头或前臂来实施杀伤，劲点较多。

一、击上臂

【用法】

（1）敌方右脚进步，向前探身，右拳攻击我方胸部。我方撤步吞身，避过敌拳，左掌下切，致其右臂下落。（图3-178）

图3-178

（2）随即，我方左脚稍移，使用右肘或前臂向前下发劲，切其右肘，致其剧疼失力。（图3-179）

图3-179

（3）不停，我方左脚再次前移，再用左肘或前臂向前下发劲，切敌右上臂，致其臂伤软瘫。切肘连环，必操胜券。（图3-180）

图3-180

二、击裆部

【用法】

（1）敌方移步进身，右脚蹬踢我方腹部。我方向后滑步，左肘下切敌方右腿前胫，阻截敌方来脚。（图3-181）

图3-181

（2）不停，我方左肘顺势向下一震，右脚速进；同时，右肘切击，伤其裆部，致其重创。（图3-182）

图3-182

第三十二节　野牛撞钟（撞肘）

撞肘，向前出击，带有弧劲，撞击性强，擅长破坏敌方重心，致其失衡倒地。

一、击心窝

【用法】

（1）敌方进身，右拳攻击我方胸部。我方撤步沉身，以左掌拦格敌方右臂。（图3-183）

（2）随即，我方右脚上步进至敌方裆下；同时，右肘撞击，长距发劲，伤其心窝，致其后倒。（图3-184）

图3-183

图3-184

二、击后腰

【用法】

（1）敌方进步，左脚撩踢我方裆部。我方向后撤身，仆步闪避；同时，左掌向下反划，拦开敌方左腿，化解敌方脚踢。（图3-185）

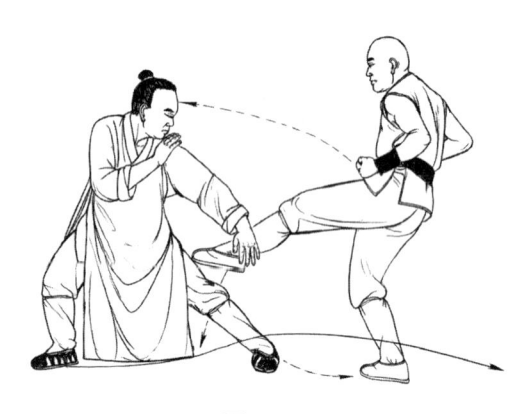

图3-185

第三章　武当天罡追魂肘（技击）

（2）敌方左脚落步，左拳攻击我方脸部。我方右脚前跨，左脚摆步，向左转身，绕至敌方身后。（图3-186）

（3）不停，我方猛劲发力，左步前弓，右肘撞击，伤其后腰，致其前扑。（图3-187）

图3-186

图3-187

213

第三十三节　泰山压顶（压肘）

压肘，向下用力，富具黏劲，可压制敌势，可跟踪追击。

一、击耳部

【用法】

（1）敌方右脚进步，右拳攻击我方胸部。我方撤步沉身，右掌拦压敌方右臂，阻截敌方拳击。（图3-188）

图3-188

（2）不停，我方右掌压住敌右前臂向下震落，左脚上步绊住敌方右腿，向右转体，左肘压击，伤其右耳，致其歪倒。（图3-189）

图3-189

二、压上臂

【用法】

（1）敌方进步，右拳冲击我方脸部。我方左脚撤步；同时，右臂上架，拨开敌方右臂。（图3-190）

图3-190

（2）不停，我方右掌擒抓敌方右腕，向后拉拽；同时，左脚上步进于敌方裆下，向右转体，左肘下压其右上臂，致其伏地就擒。（图3-191）

图3-191

第三十四节　朱雀归巢（别肘）

别肘，打法不多，多用于擒跌之时。用肘别敌，配合抓拧，使其关节扭曲，全身失力。

一、擒跌法

【用法】
（1）敌方右脚进步，右拳攻击我方脸部。我方撤步；同时，右掌前伸，拦格敌方右臂。（图3-192）

图3-192

第三章 武当天罡追魂肘（技击）

（2）随即，我方右掌扣抓敌方右腕，向右牵拉；同时，左脚上步进于敌方裆下，向右旋身，左肘别顶敌方右肘，伤其关节。（图3-193）

（3）不停，我方向右猛旋，右手继续牵拉，左肘继续别顶，大幅用劲，使其跌扑。（图3-194）

图3-193

图3-194

217

二、擒扑法

【用法】

（1）敌方前移，右脚蹬踢我方腹部。我方左脚撤步，避过敌方脚踢之际，右手顺势托接敌方右脚。（图3-195）

（2）不停，我方左脚上步，上身右旋，右肘抱夹敌方右脚；同时，左肘别顶敌方右膝，将其擒拿。如继续用力，即可致其前扑。（图3-196）

图3-195

图3-196

第三十五节　玄龟藏形（卷肘）

卷肘，多做防守，向下内收，两肘合用，劲法特殊。

一、击脑脊

【用法】

（1）敌方右脚跨步，右拳攻击我方脸部。我方左脚撤步，两掌同时向前上伸，拦格敌方前臂。（图3-197）

图3-197

（2）随即，我方右脚后撤；同时，两掌擒抓敌方右臂，猛劲向右下拽，致其臂落拳开，身倾步乱。（图3-198）

（3）不停，我方两手一拽即松，两肘急起，向下卷击，伤其后脑脊背，致其跪地前趴。（图3-199）

图3-198

图3-199

二、击小腿

【用法】

（1）敌方前移，右脚撩踢我方裆部。（图3-200）

（2）我方右脚稍撤，沉步偏身；同时，两肘下卷，压砸敌右小腿，伤其前胫。（图3-201）

图3-200

图3-201

第三十六节　老道捋须（沉肘）

沉肘，肘头发劲，向下攻击，力大劲猛，外伤关节，内震脏腑。

一、击后背

【用法】

（1）敌方右脚进步，右拳攻击我方脸部。我方稍撤，避其锋芒之际，左掌拍击敌方右臂。（图3-202）

图3-202

（2）不停，我方左掌一拍即压，致其臂落，身向前扑；同时，右脚乘机上步，右肘长距强击，猛然下沉发劲，奔袭敌方后背，一举将其击倒。（图3-203）

图3-203

二、击肘节

【用法】

（1）敌方右脚进步，右拳攻击我方脸部。我方向后滑步，右掌上挑，格其右臂。（图3-204）

图3-204

223

（2）不停，我方右掌顺势扣抓敌方右腕，向右后拉；同时，两脚摆步，向右转身，左臂沉肘，砸其右肘，伤其关节。（图3-205）

图3-205